초등사회과
교과서 삽화
오류의 대안적 고찰

초등사회과
교과서 삽화
오류의 대안적 고찰

▮ 조영복 지음

 한국학술정보[주]

삽화는 정치학습에 있어 교사, 어린이 모두가 가장 가까이 두고 이용할 수 있는 자료며 탐구학습의 도구로서 교육적 효과를 높이는 데 활용 가능성이 크다. 그러므로 삽화자료는 최대한의 학습효과를 가능케 하는 방법으로 신중하게 선정·게재되어야 하며, 학습목적의 기여도 등을 고려하여 좀 더 안정감 있는 지면 구성으로 지적 호기심 충족이 필요하다. 따라서 아무리 훌륭한 삽화자료라 해도 그것이 교과 내용에 맞지 않고 학습자의 능력 수준에 맞지 않으면 학습효과를 기대하기가 어렵다.

서 문

"선생님 사회가 너무 어려워요"
"외울 것이 많아 공부하기 싫어요"
"사회책이 재미없고 그림이 많아 복잡해요"

이렇듯 고학년으로 올라갈수록 사회교과는 암기과목이고 나오는 단어가 어려우며 특히 학습자 어린이들이 교과서를 제대로 이해하지 못하는 등 사회교과는 어려운 과목, 아니 만지기도 쳐다보기도 싫은 귀찮은 과목으로 취급당하고 있다.

사실 사회교과를 배우는 학생뿐만이 아닌 가르치는 초등학교 교사도 마찬가지인 경우가 적지 않다.

교사 자신이 중·고교 시절에 배워왔던 강의식으로 전락한 사회교과, 토론식 수업에 대해 많이 들어왔지만 막상 교육 현장에 투입해 보니 교사의 입장에서는 매끄럽지 못한 토의진행, 시간의 모자람, 말잔치로 끝난 수업으로 한 시간이 어떻게 지나갔는지 모르는 수업인 경우가 적지 않다. 그리고 그 많은 교과 내용을 어떻게 소화해야 할지 걱정이 앞선다. 학습자 입장에서 볼 때 각 모둠에서는 토론에서부터 정리까지 공부 잘하는 어린이가 독차지하고, 집에서 베껴온 내용을 그대로 읽으면서 발표하고, 무엇을 배웠는지 모르는 등 사회교과 학습의 문제점이 드러나고 있다.

이런 경험을 교사의 입장에서 초등학교 사회교과는 사회교과서, 사회과 탐구, 사회과 부도 등 다루어야 할 교과서 분량과 가르칠 내용이 많다는 생각과 더불어 교과서가 너무 추상적이고 복잡한 삽화로 구성되어 있다는 생각을 가지고 있다. 즉 교과서 구성형태를 보면 "도대체 어떤 내용이 핵심인지 모르겠다."라는 하소연을 하고 있는 현실이다.

이러한 내용을 학습자 입장에서 보면 매시간 꺼내야 하는 두 권의 책(사회교과서, 사회과 탐구), 때에 따라 세 권의 책(사회교과서, 사회과 탐구, 사회과 부도)을 사용하는 불편함, 추상적인 교과서 내용과 이해하기 힘든 삽화로 구성되어 있어 혼자서는 어떻게 공부해야 할지 몰라 많은 내용을 외우는 암기과목으로 생각하고 교과서보다는 전과나 학원용 참고서에 의존하는 경우가 많다. 즉 교과서만으로는 자기 주도적 학습을 할 수 없는 것이 현실이다.

이러한 문제점들을 해결하기 위해서는 교과서를 중심으로 가르치되, 보충 교재로 사회과 탐구와 사회과 부도의 내용을 다루는 것이 7차 교육과정 사회과 교과서 구성의 기본적인 맥락이나 필요에 따라 교육과정 재구성이 절실한 교과이다.

또한 위에서 제기된 여러 문제점 중 교과서에 관련된 내용으로 교과서 주요 구성 요소 중 하나인 삽화를 분석함으로써, 오류 및 그에 대한 대안을 살펴 누구나 쉽게 이해할 수 있는 내용의 사회과 교과서 개편도 문제점 해결의 한 방편이라 할 수 있다.

특히, 사회과 학습 내용 중 정치 영역은 구체적이고 시각적인 자료를 활용하여 학습효과를 높이려는 시도가 절실한데 학교 정치교육은 그 본질상 정치 현실을 직접 체험하기 어려워 구체적인 경험이 가능한 타 교과에 비해 이해가 쉽지 않으며 아동의 흥미나 호기심 유발이 어렵다. 따라서 이러한 문제를 해결할 수 있는 방법이 이야기·그림 등의 구체적 학습자료를 제시하는 것인데 그중 교사와 아동 모두가 교육 현장에서 손쉽게 접할 수 있는 학습자료는 기본 교재인 바로 교과서다.

초등학교 교과서는 문장과 삽화로 구성되었으며 그중 시각자료를 총칭하는 삽화는 학습 내용의 이해와 교과 내용을 전달하는 효율적인 수단이며 학습효과 향상에 기여한다. 따라서 올바른 민주시민의 육성이 목적인 정치교육의 중요성을 감안할 때 정치 영역에 관한 삽화자료를 분석·연구함으로써 효율적인 정치교육을 위한 보다 효과적인 자료제작의 방향과 지침을 제공하며 정치학습에 관련된 각종 자료의 여러 삽화들이 정치학습의 효과를 높이기 위해 어떻게 선정·게재되고 있으며 게재된 삽화의 다양한 유형과 적절성 및 문제점을 알고 그 개선방향을 모색하여 향후 교과서 개편 시 새로운 시사와 방향을 제시하려는 것이다. 즉 유형별 삽화게재 수 분석 등 삽화의 양적(量的) 조사인 분량분석과 삽화제시방법의 문제점 등 질적(質的) 조사인 내용분석, 위의 분석들과 관련한 일선 6학년 교사들의 설문조사결과를 종합하여 정치 영역 부분 삽화자료의 문제점 및 개선점을 제시하였다.

본서에서는 6학년 현직교사의 설문분석과 본 연구자의 분석결과의 동일함을 통해 현장에서도 삽화의 문제점을 직시하고 있으며, 6학년 학습자의 인지적 특성수준에 비해 삽화의 높은 의존도로 현(現) 교과서 삽화게재 비율의 하향조정의 필요성과 학습목적의 기여도 등을 고려하여 좀더 안정감 있는 지면 구성으로 지적 호기심 충족이 필요하다. 따라서 정치학습에서 아무리 훌륭한 삽화자료라 해도 교과의 본문 내용과 학습자의 능력 수준에 맞지 않으면 학습효과를 기대하기 어렵다는 결론은 얻었다.

본서에는 초등학교 사회과 교과서 6학년 2학기 정치 영역 부분의 삽화의 내용을 중심으로 연구하였으나 6학년 사회과 교과서 전 영역 및 초등학교 전체 학년 사회과 교과서는 물론, 다른 교과의 교과서의 삽화자료에 대한 분석 등 확대되고 깊숙한 연구가 지속되어야 할 것이다. 이후 초등학교 교과서의 발전을 위한 이 분야의 더 많은 관심과 좋은 연구를 기대하면서 글을 마친다.

끝으로 이 연구를 위해 기도로 후원해 주신 어머님, 도움을 주신 초등학교 선생님들과 지도 및 격려해 주신 이태건 교수님, 그리고 부족한 본서(本書)의 출간을 제안해 주신 한국학술정보(주)와 박주선 선생님께 감사드린다.

목 차

I. 서 론

1. 연구의 필요성과 목적

정치교육은 단순히 정치적 사실을 전달하거나 암기하는 것이 아닌 정치적 사실을 객관적이고도 체계적으로 인식시키고, 올바른 정치적 태도와 능력을 길러서 정치적 개체로서의 한 인간이 인류의 운명 공동체적 성격을 띤 정치사회의 한 구성원으로서 정치발전에 이바지할 수 있는 바람직한 시민을 기르는 데 그 목적이 있다.

이러한 정치교육의 목적에 가까이 다가가고자 하는 노력으로 최근의 정치학습에서는 구체적이고 시각적인 자료를 활용하여 학습효과를 높이려는 시도가 늘고 있다. 이와 같은 경향은 정치교육, 그중에서도 특히 학교 정치교육은 그 본질상 정치 현실을 직접 체험하기 어려운 미래의 성인을 대상으로 하고 있고, 구체적으로 경험이 가능한 다른 교과에 비해서 이해가 쉽지 않으며 아동의 흥미나 호기심을 유발하기가 어렵기 때문인 것으로 여겨진다. 실제로 정치단원을 배우는 과정에서 초등학교 아동들은 낯선 단어들이 자주 등장하고 지적(知的)으로 미숙한 아동에게 내용 면으로나, 범위 면에서 파악하기에 무리한 것이 많으므로 학습에 자주 어려움을 느낀다. 이러한 문제를 해결할 수 있는 방법이 바로 이야기·그림 등의 구체적 학습자료를 제시하여 주는 일과 아동의 경험을 중심으로 하여 교재를 구성하는 것이다. 교사와 아동 모두가 교육 현장에서 손쉽게 접할 수 있는 구체적인 학습자료는 기본 교재인 교과서이다. 특히, 초등학교에서의 교과서는 교육과정상의 지도목표를 달성하기 위하여 교육과정에 제시된 지도 내용을 조직·구조화한 교수-학습의 기본 도서로서 초등학교 교육에서 중요한 비중을 차지하고 있다. 교과서는 문장으로 된 내용과 시각자료인 삽화로 구성되어 있다. 초등학교 교과서에는 삽화가 들어 있지 않은 단원은 거의 없다. 삽화는 교과 내용을 전달하는 매체이기도 하지만 학생들의 사고와 행동에 영향을 주는 교육 내용 자체이기도 하다.

본 연구에서 말하는 삽화란 본문의 내용이나 추상적인 사실의 이해를 돕고 보충적인 설명의 구실을 하는 각종 사진, 그림, 지도, 연표, 표제 등의 시각자료들을 총칭한다. 삽화는 개별화 학습을 용이하게 하며 학습 내용의 이해와 새로운 개념의 형성, 심미감의 충족, 문제해결력 등 비교적 다양하면서도 복합적인 학습효과를 올리는 데 기여한다. 삽화는 형식적 조작기에 완전히 들어서지 못한 초등학생들에게 문자와 달리 시각적인 형태로 교과 내용을 전달하는 효율적인 수단이며, 감정과 정서에 영향을 미치고 행동의 표본 양식을 보여준다는 점에서 교육적 의의가 있다. 따라서 교과서에 게재되는 삽화는 학습자의 능력과 특성에 부합되도록 제작되어야 한다. 교과서에 게재된 삽화가 교육과정의 목적달성에 부합되지 못하고 학습자의 요구와 인식능력에 맞춰

제작되지 않았을 때 그 교육적 효과는 기대할 수 없기 때문이다.

이러한 삽화자료의 교육적 중요성을 고려하면 교과서 속의 삽화는 정치교육 목적에 부합되도록 꾸준한 연구를 통해 개선되고 개발되어야 한다. 최근에 이르러 교과서에 실린 학습 보조 자료, 즉 삽화에 대한 관심이 높아져 여러 연구물들이 나오고 있다. 그러나 그 내용을 자세히 들여다보면 그나마 대부분 중·고등학교 역사 영역에 치우치는 경향이 엿보인다.[1]

본 연구가 조사한 바에 의하면 한국사 연구에 있어서는 일정한 성과가 보이나 교과서 정치 영역 단원에 대한 삽화자료 분석은 전무(全無)한 실정이다. 이는 초등학교에서 독립된 교과목으로서의 정치 영역이 편성되어 있지 않은 까닭에 관심이 그만큼 적기 때문일는지도 모른다.

---

1) 서혜원, "고등학교 국사 교과서 삽화자료 분석과 그 개선 방안 모색", 석사학위논문, 이화여대 교육대학원, 1996.

김정식, "현행 고등학교 국사 교과서 삽화자료의 분석", 석사학위논문, 경희대 교육대학원, 1993.

김중상, "삽화자료의 활용을 통한 역사의식의 신장", 현장연구논문집, 대한교육 연합회, 1991.

신진식, "중학교 국사 교과서의 학습 보조 자료 연구", 석사학위논문, 단국대 교육대학원, 1989.

김용행, "고등학교 국사 교과서에 나타난 삽화자료의 분석", 석사학위논문, 단국대 교육대학원, 1988.

박종하, "고등학교 국사 교육에 있어서 사료 이용에 관한 일 연구", 역사교육 논문집 10월호, 1987.

정도월, "현행 중학교 국사 교과서의 분석적 고찰—교과서 학습 보조 자료를 중심으로", 석사학위논문, 동국대 교육대학원, 1985.

하형진, "삽화자료를 활용한 국사 지도 방법 개선", 대한 교육 연합회, 1984.

최병철, "중학교 국사 교과서 삽화분석 연구", 현장 연구 논문집, 대한교육 연합회, 1984.

강태구, "국사 교과서 삽화자료의 분석 연구", 현장 연구 논문집, 대한교육 연합회, 1981.

이것은 곧 한국사 교육에 비해 정치교육에 대한 관심이 상대적으로 부족함이 있었다고 해도 과언이 아닐 것이다. 그러나 정치교육의 중요성을 감안할 때, 초등학교 사회교과서 내의 정치 영역에 관한 삽화자료를 분석 연구함으로써 정치교육을 위한 보다 효과적인 자료제작의 방향과 지침을 제공하는 일은 의의가 있을 것이다. 본 연구는 통합교과서인 사회과 교과서 내에서 정치학습과 관련되어 실려 있는 각종 자료의 여러 삽화들이 정치 분야 학습의 효과적인 학습자료라는 인식 하에 정치학습의 효과를 높이기 위해 게재된 삽화자료들의 게재 분량과 삽화 내용들이 어떻게 선정·게재되고 있으며, 게재된 학습자료들의 다양한 유형과 적절성, 문제점을 분석적으로 논의한 다음 그 개선방향을 모색하여 향후 교과서 개편 시에 새로운 시사와 방향을 제시하려는 것이다.

2. 연구의 방법과 한계

교과서의 내용을 연구하는 방법에는 일반적으로 분량분석과 내용분석이 있다.

본 연구에서도 이 두 가지 방법을 이용하여 분석하고자 한다. 먼저 삽화의 분량분석을 통해 초등학교 사회과 교과서의 삽화게재 비율을 확인해 보려고 한다. 다음으로 내용분석을 통해서 교과서의 제 자료들을 유형별로 분석하고 삽화의 게재 실태와 본문 내용과의 연계성을 파악하여 자료로써의 적절성을 평가한다.

이 두 가지 분석의 결과를 토대로 하여 사회과 교과서상의 삽화가 지니고 있는 문제점과 그 개선방향을 찾아볼 것이다.

분석하고자 하는 교과서는 제7차 교육과정의 교재로 사용되고 있는 초등학교 6학년 사회교과서로 한정한다.

7차 교육과정 초등학교에서의 사회과는 크게 인간과 공간, 인간과 시간, 인간과 사회 등 세 영역으로 나눠진다. 정치교육은 인간과 사회 영역에서 다뤄지고 있다. 특히 정치 영역은 4ㆍ5ㆍ6학년 교과서에 주로 편성되어 있다. 이것은 정치의식의 발달단계를 고려하여 교육과정을 구성하였기 때문인 것으로 여겨진다. 즉 4학년 1학기 사회과 교과서 3장 '새로워지는 우리 시ㆍ도' 단원의 '지방자치'로 출발하여 6학년 2학기 교과서 제1단원 '우리나라의 민주정치' 단원의 '국가 민주정치'로 그 개념의 폭이 넓어진다.[2]

여기서 5학년의 정치관련 영역은 그 범위의 폭이 매우 적고, 특히 '인간과 사회' 영역의 '우리나라의 경제성장' 단원 내의 '경제 및 정보와 시대의 산업활동'에 관한 문제에 더 큰 비중을 두어 교과서 내용이 편성되었으므로 여기서는 분석대상에서 제외하기로 하였다.

그러나 6학년 수준에 이르면 논리적 사고의 조작과 가정을 추리할 수 있게 된다. 또한 상징적인 용어를 사고하는 능력도 발달하며 여러

---

2) 사회과의 내용체계표

영역＼학년	4	5	6
인간과 사회	·지역의 자원과 생산 ·물자유통과 상호 의존 ·지방자치와 주민생활 ·지역사회의 문제와 해결 ·우리 지역의 미래 ·다양해지는 가정생활 ·취미와 여가생활 ·가정의 살림살이	·우리나라의 경제성장 ·정보화시대의 산업활동	·우리나라의 민주정치 ·민주시민의 권리와 의무 ·지구촌 문제의 해결을 위한 노력

가지 상황을 정립할 수 있는 시기이다. 이러한 기능들은 정치문제를 효율적으로 다루기 위한 전제조건에 해당되고, 체계적인 정치사회화를 가능케 하는 정치교육이 시작되므로 국가의 민주정치 흐름을 파악하는 정치학습이 가능하다. 따라서 초보적이기는 하나 체계적 정치학습이 가능한 초등학교 마지막 단계인 6학년에서는 정치가 본질상 직접 체험하기 어려운 대상을 교과에서 접하게 되고, 정치학습이 본격적으로 이루어지게 된다.

본 연구에서 6학년 2학기 교과서를 분석대상으로 한 것은 이처럼 6학년에 이르러서야 본격적인 정치학습이 이루어지고 있기 때문이다. 본 연구에서는 정치학습에서 가장 가깝게 이용되는 교과서 내의 삽화자료를 여러 방면에서 분석하였으며 그 내용 전개과정은 다음과 같다.

첫째, 교과서 삽화분석을 위한 준거를 마련하기 위하여 문헌 연구를 통해 사회교과서 부문의 초등학교 교과서의 교육적 의의, 사회교과서 기능, 초등학교 사회과 교과서 체제 및 정치 영역 단원의 개관과 삽화 부문의 삽화의 개념과 기능, 속성, 교육적 효과 및 활용가치 그리고 삽화자료의 선정·게재 등에 대한 전반적인 이론을 살펴본다.

둘째, 삽화자료의 분량분석은 초등학교 교육과정의 국어, 수학, 과학 등 주지과목의 6학년 2학기 1단원을 중심으로 쪽당 삽화의 게재 넓이와 쪽(page)당 삽화게재 비율을 주된 분석자료인 6학년 2학기 사회교과서 1단원과 비교·분석하였다. 즉 한 면(쪽당) 종이 전체 크기(18.2 cm×25.7cm=467.74㎠)3)에 대한 삽화가 차지하는 크기를 계산하고, 본문이 차지하는 크기를 계산하여 삽화 및 본문이 차지하는 각각의 크기를 백분율(%)로 나타내었다.

---

3) 4×6배판 크기로 보통 초등학교 교과서 및 여성용 잡지를 만들 때 쓰는 규격이다.

즉 종이 전체 크기에 대한 삽화가 차지하는 비율

$$(\frac{삽화크기}{한 면(Page)당 종이전체크기} \times 100)$$

그리고 종이 전체 크기에 대한 문장이 차지하는 비율

$$(\frac{문장크기}{한 면(Page)당 종이전체크기} \times 100)$$

을 각각 구하여 이 두 가지 비율을 비교하였다. 또한 유형별 게재 경향 빈도수 분석은 삽화의 게재 형태, 즉 사진, 만화, 도표, 그림, 도해 등으로 나누었으며 국어, 수학, 과학 등과 비교분석을 통한 수량적 분석을 통해 전체적 균형 및 그 적절성을 고찰한다.

셋째, 삽화자료의 내용분석으로 삽화와 본문 내용의 관련성, 삽화자료의 중복경향, 삽화제시방법 등, 분석을 통해 삽화자료가 지니고 있는 문제점과 그 개선점을 찾아보고자 한다.

넷째, 삽화자료의 분량분석과 내용분석의 틀을 토대로 설문지를 작성, 일선 초등학교 6학년 지도교사들을 대상으로 초등학교 6학년 2학기 사회과 교과서 1단원의 삽화게재 현황에 대한 의견을 수집 · 분석하였다.

다섯째, 실제의 교과서 분량분석을 통한 내용분석과 일선 현장 교사들의 설문조사 연구분석을 종합하여 정치 영역 부분 삽화자료의 문제점 및 개선점을 제시한다.

이러한 연구는 다음과 같은 한계점을 지니고 있다.

첫째, 초등학교 교과서는 독립된 정치 교과서가 없으며 사회과학의 한 영역으로서의 정치를 사회과 교과서에서 다루고 있다. 따라서 정치,

경제, 지리, 사회문화, 역사 등의 사회과학 영역의 내용이 통합적으로 선정, 조직되기 때문에 구분이 애매한 경우도 많으며 이처럼 구분이 애매한 경우는 삽화의 내용과 본문의 내용을 연관지어 삽화게재의 의도를 파악하여 분석하였다.

둘째, 6학년만을 대상으로 하고 있기 때문에 4·5학년 교과서의 삽화자료 등과의 중복관계는 분석되지 못하였다.

Ⅱ. 교과서 기능과 삽화자료의 활용

1. 교과서의 기능

가. 초등학교 교과서의 교육적 의의

1) 교과서의 교육적 의의

교과서는 한 사회나 국가의 교육이념과 목표를 교육과정의 내용에 담아 이를 실현시킴에 있어서 가장 큰 영향을 끼치는 교수-학습활동의 기본적인 도구이며 자료[4]이다. 따라서 학교 교육에 있어서 교과서의 비중과 역할은 대단히 중요하다.

우리나라의 초등학교에서는 국정·단일 교과서를 사용하고 있다. 그리고 교사들은 교과서 이외의 자료를 사용하는 일이 없이 교과서에

---

4) 김영희, "초등사회과 교과서 삽화자료에 대한 분석", 석사학위논문, 성균관 대학교 교육대학원, 1996.

의존하여 수업을 하고 있는 것이 현실이다. 극단적으로 표현한다면 많은 학생들에게는 교과서가 유일무이한 학습자료이다.

이와 같은 사실을 생각할 때 학교 교육에서 교과서가 차지하는 비중과 기능은 실로 중요한 것이다.

이와 같이 중요한 교과서는 교육이념과 목표를 달성하는 데 알맞은 내용을 담고 있어야 하며 학생들이 그 내용을 학습하는 데 효율적인 학습자료의 기능을 다하도록 구성되어 있어야 한다. 다시 말하면 기본적인 지식을 발현하고 학생 스스로 탐구학습을 할 수 있도록 길잡이의 역할로써 적절하게 구성되어 있어야 한다.

2) 초등학교 교과서의 기능

교수-학습의 과정에서 교과서가 차지하는 위치와 기능은 시대의 흐름에 따라 변화되어 왔다. 일반적으로 교과서의 기능은 읽고, 이해하고, 암기해야 한 지식을 제공해 주는 것이 주된 기능이었으나 점차 학생들의 자발적인 학습을 돕는 기능으로 바뀌어 왔다고 볼 수 있다.

우리나라에서는 아직도 학교의 교수-학습이 교과서에만 의존하고 있으나 미국, 영국, 프랑스 등의 선진 제국에서는 교과서의 개념 자체가 여러 가지 교수·학습자료와 참고서 등을 포함하는 것으로 확대되어 가고 있다. 따라서 백과사전, 잡지, 팸플릿, 실물이나 모형자료 등이 다양하게 이용하고 있다.

그러면 교과서란 구체적으로 어떠한 기능을 가지고 있는가?

한국 교육개발원의 연구에서 밝히고 있는 교과서의 기능은 크게 다음의 다섯 가지로 제시하고 있다.5)

---

5) 한국교육개발원 「교육개발」 제9권 제4호(서울: 한국교육개발원), 1987. 9. 13.

첫째, 학습 내용 제시의 기능이다. 교과서는 학생들이 배워야 할 내용을 학생들이 학습하기 쉽도록 체계적으로 조직·배열하여 제시하는 데 일차적인 기능이 있다.

둘째, 탐구과정 유도의 기능이다. 교과서에 제시된 내용으로서의 지식은 독특한 탐구의 과정을 통하여 산출된 것이다. 따라서 교과서는 내용 그 자체만이 아니라 그 내용을 탐구하거나 발견하는 과정을 안내하고 유도하는 기능을 발휘하도록 구성되어야 한다.

셋째, 학습자료 제시의 기능이다. 교과서에는 내용의 이해를 돕거나 탐구에 필요한 많은 자료가 제시된다. 교과서의 설명, 예화, 사진, 삽화, 통계표 등은 바로 학습을 돕는 자료인 것이다. 물론 이러한 자료는 학생들이 배워야 할 내용 및 탐구과정과의 관계 속에서 선정·조직된다는 특성을 가진다.

넷째, 학습 동기 유발 기능이다. 학습자의 심리적, 지적 상태와 학습과제와의 사이에는 어느 정도 거리가 있게 마련이다. 학습이 효과적으로 어우러지게 하려면 학습자로 하여금 학습과제보다 많은 관심과 흥미를 가지도록 해야 할 것이다. 교과서를 바로 아동의 관심과 흥미를 학습으로 동기화 기능을 가지고 있다.

다섯째, 연습문제 및 학습과제 제시의 기능이다. 교과서에는 일반적으로 한 단계의 학습이 끝나게 되면 배운 내용의 보충, 심화 및 발전을 위한 연습문제나 학습과제가 제시된다. 이것은 배운 내용을 다시 확인하고 심화된 학습으로 유도하며, 배운 것을 활용하여 다른 과제를 해결해 보게 하는 기능이 되는 것이다.

나. 사회과 교과서의 기능

교과서란 학교 수업에 사용되는 학습용 교재를 가리키는 것으로서 교과서 제도에 의해 발행목적, 발행집단, 수용집단 등이 법률이나 관행으로 정해진 절차에 따라 발행된 책자로써 교육과정의 구성에 맞게 조직 배열하여 주요한 교재로 쓰이는 학생용 도서[6]이다.

오늘날의 현대적 의미를 지닌 교과서 관은 교과서를 절대 시하거나 성전 시하는 입장에서 벗어나 교과서를 학습자의 요구와 필요에 맞게 특별히 편집 간행되는 학습 도구라는 인식을 갖게 되었으며 교과서는 학습에 도움을 주는 여러 가지 교재 가운데 가장 기본적인 교재이며 핵심적인 교재일 뿐이라는 인식을 갖게 되었다.

또한 교과서는 학습자가 스스로 탐구할 수 있는 지식의 내용을 포함하며 이를 위한 학습자료를 제공할 수 있는 것이어야 한다고 본다. 특히, 초등의 경우 국정의 한 가지 교과서만이 공급되고 있는 현실에서는 교사와 아동이 학습목표에 도달할 수 있는 매개적 역할을 할 수 있는 좋은 학습자료로서의 교과서의 기능을 다하지 않으면 안 된다. 이처럼 사회과 교과서가 좋은 학습자료로서의 교과서의 기능을 다하기 위한 요건으로 오영태[7]는 다음과 같이 말하고 있다.

첫째, 학습매체로써 학습 동기를 유발하는 기능

둘째, 자율 학습의 습관을 길러 개인의 성장을 돕는 기능

셋째, 탐구 기능 및 고등정신 능력을 신장시키는 기능

넷째, 학습 형태의 결정을 돕는 기능을 지적하고 있다.

---

6) 김영희, "초등사회과 교과서 삽화자료에 대한 분석", 석사학위논문, 성균관 대 교육대학원, 1996.

7) 오영태, 사회과교육론, 형설출판사, 1994, pp.356-357쪽.

이원순[8]의 경우는 좋은 사회교과서로서의 기능을 다하기 위한 요건을 이렇게 밝히고 있다.

첫째, 학습 동기의 유발이 가능하도록 편제되어 있어야 한다.

둘째, 학습 기본 요소가 제시되어야 한다.

셋째, 탐구과정이 유도되어야 하고, 특정 자료가 제시되어야 한다.

넷째, 발전적 후속 조치에 관한 시사의 기능을 할 수 있는 것이어야한다.

이는 교과서가 학습자들의 흥미와 관심, 학습 동기를 유발하고 기본적인 학습 요소를 제시하여 탐구를 유도하는 기본 참고도서로서의 역할을 하기를 요구하고 있는 것이라 하겠다. 이와 같은 요구를 충족시키기 위해 만족스럽지는 못하나 현재의 초등 사회과 교과서에는 사회과 학습의 과정에서 학습자에게 학습 내용에 대해 의욕을 갖게 하고 탐구 활동에 활용할 수 있도록 적절한 설명, 예화, 삽화, 통계, 지도, 사진, 그림 등을 삽입하여 좋은 학습자료로서의 기능을 담당할 수 있도록 하고 있다.

다. 정치 영역 단원개관[9]

정치에 대한 견해는 여러 가지가 있어서 한마디로 정의하기가 어렵다. 그러나 정치는 이해와 갈등을 조정하여 훌륭한 공동체의 사회를 건설하는 것이라고 넓게 생각할 수 있으며 작게는 국가의 구성과 정부의 형태 등 정치제도는 정치가 현실적으로 이루어지는 가장 중요한

---

8) 이원순 외, 역사교육론, 삼영사, 1991, pp.253.

9) 교육부 "초등학교 교육과정 해석(Ⅲ)", 국정교과서 주식회사, 1997, p.278-279.

틀이므로 법률적인 규정과 정치제도를 연구하는 이러한 학문을 정치
학이라 일컫는다. 이와 같은 일반적인 정치학의 정의를 토대로 초등학
교 사회교과의 정치 영역을 살펴보면 초등학교 사회교과의 목표인 '개
인 및 사회, 국가, 발전에 기여하는 바람직한 민주시민육성'이라는 대
전제하에서 초등학교 사회교과 내의 정치 영역은 민주주의와 신념을
일상생활 속에서 참여를 통해 학습하고 이해하는 정치학의 기초적인
내용을 학습 내용으로 설정하였다.

1) 단원 설정의 취지

민주주의와 신념을 일상생활 속에서 참여를 통해 학습하고 이해하
는 이 단원은 우리나라 민주정치의 기본 원리를 이해시키기 위해 일
상생활과 정치의 관계, 선거의 중요성, 입법 · 사법 · 행정부의 기본 구
조, 국민의 기본권과 준법정신들을 다루며, 법에 관한 내용, 국민의 권
리와 의무 등을 포괄하고 있다.

2) 단원의 목표

위와 같은 단원 설정의 취지를 구체적으로 나열화 및 체계화시킨
정치단원의 목표[10]는 크게 여섯 가지로 나누었다. 즉 그 내용을 서술
하면 아래와 같다.

· 선거의 중요성을 알고, 대표를 올바로 뽑는 기준을 설정할 수 있다.
· 국회, 행정부, 법원의 구조와 기능을 개략적으로 파악한다.
· 민주 사회에서는 사람으로서의 권리가 매우 중요하다는 것을 깨
   닫는다.

---

10) 교육부 "초등학교 교육과정 해설(Ⅲ)", 국정교과서 주식회사, 1997, p.278-279.

· 신문 등의 자료에서 국가 기관이나 국민의 기본권에 관한 자료를
  찾는다.
· 민주 사회의 구성원으로서의 의무를 다하려는 태도를 가진다.
등으로 단원 목표가 설정되었다.

3) 주제별 지도의 내용

단원목표를 교과 내용을 체계적인 학습 내용으로 서술한 주제별 지
도의 내용은 크게 '우리들의 생활과 정치', 그리고 '민주시민의 권리와
준법정신'으로 나눠 설정되었는데 그 내용을 구체적으로 살펴보면 우선
'우리들의 생활과 정치'에서는 우리나라 통치 기구의 기본 구조와 그 기
능에 대한 것으로, 올바른 선거를 위한 국민으로서의 자세와 유권자로
서 정당한 선거권을 행사할 수 있는 기초 교육과 입법, 사법, 행정부의
기능과 언론과 정치와의 관련을 이해시켜 언론 보도에 관심을 가지고
분석·이용할 줄 아는 능력을 기르는 것 등의 중요 내용을 골자로 하고
있다. 둘째로 '민주시민의 권리와 준법정신'이란 교육 내용을 주제로 그
내용은 민주시민의 권리와 의무에 대한 내용으로 모든 사람이 사람으
로서의 권리를 가졌다는 데에서 출발하므로 권리의 침해 사례나 장애
자를 통해서 본 인권의 개념을 다룬 사람으로서의 권리, 그리고 헌법의
개념·신체·언론·출판·집회·결사 등의 자유권을 다룬 국민의 권리,
마지막으로 국민의 주요 의무, 주요 의무의 필요성과 의의 등의 내용으
로서 '국민의 의무'를 정치 내용의 주제별 지도 내용으로 설정하였다.

이와 같이 본 연구의 대상 학년인 6학년 사회과 정치 영역의 내용
단원은 2학기에 편성되어 있는데 '우리나라 민주정치'라는 대주제하에
'우리 생활과 정치', '민주시민의 권리와 준법정신'이란 중단원을 중심

으로 민주주의 제도와 신념을 일상생활 속에서 참여를 통해 이해하도록 교과서가 구성되었다.

2. 삽화자료의 교육적 활용

사회과 정치교육의 가장 중요한 관점은 정치에 대한 지식이 습득이 아니라 정치적 사고력과 문제해결력을 길러 민주시민의 자질을 키우는 것이다.

7차 교육과정 편제하의 사회과 교육이 추구하는 탐구의 창의적 자율적 과정을 중시하는 것과 상통한다.

이와 같은 정치교육의 본질적 목표에 도달하기 위해 수업에서는 학습자의 탐구 활동을 돕기 위한 탐구 자료의 투입이 요구되고 이러한 탐구 자료로서 특별한 장치나 기재 없이 활용할 수 있는 가장 가까운 자료가 바로 교과서에 삽입되어 있는 각종 자료이다. 이러한 자료들은 학습자의 탐구과정의 자료로서의 기능뿐 아니라 학습자의 흥미와 관심을 촉발시킬 수 있어 동기 유발의 기능도 수행에 낸다. 그러므로 교과서에 실린 삽화들은 정치를 사고하고 정치해석력을 키울 수 있도록 적절히 고려되어 게재된 것들이다. 따라서 여기서는 이러한 삽화자료를 분석하기 위한 근거로 삽화의 정의에서부터 삽화의 교육적인 효과, 삽화의 선택 및 게재방법에 이르기까지 삽화에 대한 종합적인 교육이론을 살펴보고자 한다.

가. 교과서 내 삽화의 개념과 기능

1) 삽화의 개념

교과서의 삽화는 직관적 사고를 돕는 가장 좋은 자료이다. 삽화는 교과서에 삽입되어 있는 시청각 자료로써 특별한 장치나 기재 없이도 활용할 수 있어 교과서에 실린 삽화가 적절히 고려되어 게재된 것이라면 삽화야말로 사고력과 해석력을 키우는 데 가장 귀중한 자료이다.

교과서를 구성하고 있는 것에는 학습자가 배워야 할 교과 내용과 교과 내용을 조직, 배열하고 있는 외적 구조인 글씨체, 배열, 삽화 등이 있다. 그중에서 삽화는 교과서의 거의 전 단원에 걸쳐 널리 사용되고 있으며 학습 동기를 유발시키고 교과 내용의 정확한 전달을 도와줄 수 있다.

삽화의 일반적인 정의[11]는 서적, 잡지, 신문 등에 끼워서 내용, 기사 등의 이해를 빠르게 하며 설명의 구실을 하게 하는 그림이라는 뜻으로 넓은 의미로는 서적이나 잡지의 표지, 커트, 광고 미술에 포함되기도 하는 한편, 도해, 설명도, 실례, 예증, 끼움 그림, 쇄기그림 등으로 풀이될 수 있다. 또한 삽화는 그림으로 표현되어 있는 삽화 자체뿐 아니라, 삽화를 간략하게 설명해 주는 인접해 있는 표제(Caption)나 소제목을 포함한다.[12]

경험의 공급, 사물과 용어의 연합 작용, 감상력의 증진 등에 통역과 설명이 필요 없는 보편적인 언어로서의 구실을 하기 때문이다. 그래서

---

11) 최연현, "교육매체로서 삽화의 기능과 가치에 관한 연구", 석사학위논문, 1981, 계명대학교 교육대학원.

12) 가복현, "초등학교 사회과 지역 교과서에 게재된 삽화에 대한 학생들의 인식 조사 연구", 석사학위논문, 공주교육 대학교 교육대학원, 2001.

학생들이 보고 읽기에 편리하며 무엇인가 생각하고 느끼도록 하자면 삽화는 본문의 보완적 위치를 떠나 훌륭한 자료의 기능과 내용을 제시해야 한다.

2) 삽화의 기능

삽화자료들이 교과서에 제시되어 학습자료로 활용될 때 삽화는 그 자체로서의 의미보다는 학습의 기본 요소(교과 내용)를 해설·설명하기 위한 자료로 이용되고, 그 지식을 알게 되는 과정(탐구의 과정과 활동)에 따라 적절하게 제시될 때 교육적 가치를 지니게 되는 것이다. 그러므로 교육매체로 이용되는 삽화는 수업의 효과를 높이는 데 중요한 도구라고 할 수 있다.

7차 교육과정에 이르러 초등학교 교과서의 대부분은 그림으로 채워지고 있다. 문자에 의한 정보 전달에 앞서 시각적인 표현을 통하여 전달하고자 하는 내용을 보는 이로 하여금 신속하게 수용하도록 하기 위함이다. 초등학교 교과서에서 제시되는 자료 중에서 가장 큰 역할을 담당하는 것이 삽화이다. 특히 저학년에서의 삽화자료의 활용은 효과적이며 훌륭한 내용 제시의 기능을 가지고 있다.

삽화의 기능에 대해 삽화가 학습자의 주의력을 산만하게 하여 오히려 학습을 방해할 수 있기도 하지만 대체적으로 삽화는 다양한 기능을 수행하여 학습을 향상시키는 것으로 알려져 왔으며, 많은 연구가 삽화의 교육적 기능을 지지하고 있다.

Duchastel[13]은 삽화가 주의적(attentive) 기능, 설명적(explicative)

---

13) 가복현, 전게서 p.6(P. C. Duchastel, 1983, "Text Illustration, Performance and Journal", No.3, pp.3-5) 재인용.

기능, 파지적(retentinal) 기능을 통해 학습을 돕는 것으로 보았다. 삽화의 주의적 기능이란 학습자의 학습 동기를 유발하여 학습을 활성화시켜 주는 기능, 즉 아동들이 학습 의욕을 자극하고 주의 집중력을 강화하여 수업을 순조롭게 전개할 수 있도록 도와주는 기능이다. 설명적 기능은 가르치고자 하는 교과 내용을 삽화로 직접 전달하는 것으로 제시된 주제를 설명하거나 단어로 명확히 표현할 수 없는 것을 알려주고 제시된 것의 이해를 도와주는 기능이다. 마지막으로 파지적 기능은 심상이나 그림 기억이 언어 기억보다 더 낫다는 이론적인 근거를 배경으로 학습 내용에 대한 기억을 돕는 기능이다.

또 Levin[14]은 신문이나 학습에서 삽화는 동기 기능, 반복 기능, 표현 기능, 이해 기능, 변형 기능을 수행한다고 하였다.

〈표 Ⅱ-1〉 Levin 이 제안한 삽화의 기능

기 능	일반적인 작용원리
동 기	교과서에서 아동의 관심을 증가시켜 준다.
반 복	교과서에 부가적으로 정보를 반복해 준다.
표 현	교과서의 정보를 더욱 구체적으로 해 준다.
이 해	교과서의 정보를 이해하기 쉽게 해 준다.
변 형	교과서의 정보를 기억하기 쉽게 해 준다.

Leivn & Lentz[15]는 문헌 연구를 통해 삽화의 기능을 크게 주의적

---

14) 최성희, "초등학교 교과서 삽화 기능에 관한 조사 연구", 석사학위논문, 이화여대 대학원, 1987, pp.13-14(J R Levin, 1981, On funtion of Processes in Reading, ed F J Pirozzolo & M C Wittrock,(N Y Academic Press, pp.211-217), 재인용.

15) 상게서 pp.15-17(Levre & R Lentz(1982), Effects of Text Illustrations A Review of Reserch, ECTG, 30, No.4, pp.218-224) 재인용.

기능, 정의적 기능, 인지적 기능, 보상적 기능으로 분류하였다.

첫째, 주의적(attentional) 기능은 삽화가 자료에 주의를 끌게 하고 집중시킨다는 것이다. 삽화는 어린 학습자뿐만 아니라 나이가 든 성인의 경우에도 주의를 끈다. 또한 중요한 부분에 주의를 집중시키기 위해 삽화가 사용된다.

둘째, 정의적(affective) 기능은 삽화가 학습자의 흥미를 강화시켜서 감정과 태도에 영향을 줄 수 있다는 것이다.

셋째, 인지적(cognitive) 기능은 삽화가 교과 내용을 이해시키고 기억을 향상시킴으로써 학습에 도움을 주며 글로는 설명하기 어려운 정보를 쉽게 제시해 줄 수 있다는 것이다. 교과서에 있는 삽화는 주로 이 기능을 수행하는데 삽화가 교과 내용에 문맥을 제시함으로써 이해를 돕고, 특히 추상적인 내용에 구체적인 삽화의 제시는 이해를 향상시킨다. 또한 명확하게 학습자에게 인지된 것은 내용의 기억에 영향을 주고, 특히 지연 회상의 경우 더욱 그러하다.

넷째, 보상적(compensary) 기능은 삽화가 학습이 부진한 학습자를 도와줄 수 있다는 것으로 몇몇 연구가 우수한 학습자보다 부진한 학습자가 삽화에 더 의존적임을 보여준다.

교육매체로서 삽화의 기능과 가치에 관한 연구에서 교과서 삽화의 교육매체로서의 기능[16]을 다음과 같이 제시하고 있다.

첫째, 교사의 보조 역할, 즉 어떤 자료 없이는 이해가 곤란하거나 구두 설명만으로 부족할 때 문제를 묘사하여 학습효과를 올릴 수 있다.

둘째, 어떤 문제에 대하여 특징적인 면만을 표출해 내거나 강조, 변

---

16) 최연현, "교육매체로서의 삽화의 기능과 가치에 관한 연구", 석사학위논문, 계명대학교 교육대학원, 1981.

형(의인 등), 과장과 교육적 목적하에 외형화(deformation)할 수 있고
시공적 제약을 초월해서 시각화함으로써 좀더 뛰어난 발전을 꾀할 수
있다.

셋째, 학습자의 동기 유발이나 이해에 도움이 되게 하고 흥미를 일
으키며 학습 뒤의 종결 과정에 가서는 이미 배운 학습 내용을 확인하
는 데 활용할 수 있어 효과적이다.

넷째, 새로운 개념의 인식과 기억에 연상적 효과를 주고 깊은 인상
이나 자극적 감동을 일으키게 된다.

다섯째, 동일한 효과를 가져와 가치의 내면화를 촉진, 인격 향상에
도움을 준다.

여섯째, 많은 의미와 내용을 추상적·함축적으로 표시하여 학습할
내용을 개념화하고 기억하는 데 도움을 준다.

3) 삽화의 기능적 속성

앞에서 언급한 여러 기능은 성질상 광범위하고 일반적이기 때문에
삽화를 사용해서 학습에 도움을 주는 데는 어려움이 있다. 포괄적으로
다루어진 이 기능들은 일반적인 수준이기 때문에 교수-학습 과정 동
안에 발생하는 사태나 활동과 관련해서 기술되어야 한다. 즉 교과서의
내용을 학습하기 위해서는 어떻게 삽화가 내용의 이해에 영향을 주도
록 사용되어야 하는가의 세부적인 설명이 필요하다. 또한 삽화의 기능
은 서로 상호 보완적으로 작용하기 때문에 하나의 삽화가 주의를 끌
고 제시하고 예를 제시하는 등의 여러 기능을 수행하도록 사용되기
위해서는 이 기능을 수행하도록 도와주는 삽화의 속성을 설명하는 것
이 필요하다.

여기서는 삽화의 기능에 관심을 갖고 삽화의 기능 수행을 위해서 삽화가 지녀야 할 속성을 본 연구에서 삽화분석에 직접 관련된 부분을 중심으로 살펴보았다.

4) 교과 내용과의 관련성

교과서에 있는 삽화가 학습을 향상시키기 위해서는 가르치고자 하는 교과 내용과 삽화의 내용이 일치해야 하며, 교과 내용에 맞는 적절한 삽화를 선택해야 한다.

교과 내용과 삽화의 내용이 일치하지 않는 삽화를 제시하면 오히려 학습자의 주의를 산만하게 하여 학습의 방해를 초래할 수 있다.

교과 내용과 삽화의 내용이 일치하는 것과 함께 삽화는 교과서의 장식이 아니므로 교과 내용에 삽화가 반드시 필요한가를 결정해야 한다. 또한 단지 단어를 학습하기 위해 삽화를 사용하는 것은 불필요하며 오히려 학습자의 주의를 산만하게 할 수 있다고 하여 반드시 필요한 교과 내용에 삽화를 사용해야 함을 암시한다.

이때 삽화는 글로서는 설명하기 어려운 내용을, 추상적이어서 이해하기 어려운 내용을, 글로서는 매우 복잡한 내용을 체계적으로 간략하게 제시해 줄 수 있다.

또한 교과 내용과 관련해서 삽화를 선택할 때 고려해야 할 것은, 학습자의 연령, 과거의 경험 등의 지적 수준에 맞는 것이어야 하며 교과 내용의 시대적 배경과 삽화의 표현이 일치해야 한다.

이와 같이 교과 내용에 맞는 삽화를 선택하는 것은 학습자에게 적절한 것에 주의를 끌게 하고, 교과 내용의 전달을 명확히 해 주는 기능을 하는 것이다.

5) 표제와 지시

교과서에 있는 삽화의 교육적 효율성은 삽화의 내용과 목적을 직접 간략하게 알려줌으로써 더욱 높일 수 있다. 그 방법으로 교과서의 글에서 직접 지시하는 것으로 "그림 1에서와 같이 ……" 등의 문구가 사용될 수 있으며, 또 하나의 방법은 삽화 바로 밑에 삽화의 내용을 짧게 설명해 주는 표제(caption)가 있다고[17] 하였다.

삽화에 표제를 사용하지 않거나 지시하지 않으면 오히려 독서와 이해에 역효과를 내면서 학습의 장애를 가져올 수 있다. 또한 교과서가 개별 수업용 도서의 역할을 할 수 있다는 것을 감안할 때 표제와 지시는 필요한 것이다. 따라서 표제와 지시가 없다면 학습자는 삽화를 전혀 보지 않을 수 있고, 보더라도 본 것을 이해할 수 없게 된다. 결국, 교과서에 있는 삽화는 삽화의 그림만을 뜻하는 것이 아니라 언어 요소인 표제나 지시가 있어야만 삽화의 효과를 발휘할 수 있는 것이다.

6) 배치 및 크기

교과서에서 삽화의 배치는 주의적 기능 때문에 중요하다. 삽화가 교과서의 내용과 분리해서 위치해 있다면 학습자는 삽화를 보지 않거나 또는 잠깐 동안만 볼 것이기 때문이다.

오영오는 삽화의 적절한 배치는 교과 내용의 이해를 도와주는데 배치가 산만한 경우 학습자는 삽화가 전달하고자 하는 내용을 알지 못한다[18]고 하였다. 그러므로 삽화가 일관성 없게 배치된 것보다는 교

---

17) 가용현, "초등학교 교과서 삽화분석(국어・사회과를 중심으로)", 석사학위논문, 공주사범대학, 교육대학원, 1989.

18) 오영오, "초등학교 교과서 일러스트레이션의 교육적 효과에 관한 연구",

과 내용과 관련해서 적절하게 배치된 삽화는 학습자의 학습능력에 도
움을 줄 것이다. 삽화는 내용과 관련해서 전후에 놓인 것에 따라 유용
한 기능을 할 수 있다. 예를 들어 삽화가 관련 내용 전에 놓였을 경우
삽화가 학습자에게 전개될 내용을 준비하도록 하는 도입이나 개요의
기능을 하고 학습자의 경험과 새로운 내용 사이에 연결을 해 주는 것
이다. 또한 삽화가 관련 내용 후에 놓였을 경우 더 효과적일 수 있다
고 하였는데 삽화가 관련 내용 전에 놓인 삽화보다 학습자가 교과 내
용을 한 번 더 살펴볼 수 있게 해 주면서 파지를 증가시킬 수 있기
때문이다.

　배치와 함께 고려해야 할 것은 삽화의 크기로 내용 및 교과서의 크
기에 알맞게 삽화의 크기를 결정해야 한다.

　이때 유의해야 할 것은 학습자는 형태를 인식하는 데 빠르기 때문
에 크기와 배치가 변화되어 있지 않으면 지겨워하고 흥미도 감소할
것이다.

7) 삽화의 교육적 효과

　교과서의 삽화는 내용과의 관계에 있어서도 본문의 내용을 편견 없
이 초등학교 학생의 발달 수준, 지적 수준을 고려하여 정확하고 바르
게 제시되어야 하며 교과 단원 기능과 목표에 맞추어 표현되어야 한
다. 특히 초등학교 교과서의 삽화는 아동의 흥미에 알맞은 것이면서
탐구 활동을 자극하여 학습 동기를 유발시키는 것이어야 한다. 교과
내용의 학습에 적절한 삽화자료들을 다양하고 풍부하게 제시하는 것
은 초등학교 교과서가 다른 서적과 구별되는 특징이라 할 수 있으며,

석사학위논문, 영남대 교육대학원, 1985.

이 자료들의 관계는 명확하여야 하며 자료 자체는 정확하고 참신한 것이어야 한다. 학습의 동기 및 흥미 유발을 위하여 학생들의 경험이나 주변 현상과 관련시켜 본래 의도하였던 직관적인 사례를 제시하면 더욱 효과적이다.

결론적으로 삽화의 교육적 효과를 전제로 삽화가 학습에 도움을 줄 수 있는 방법에 관한 연구를 해야 한다. 전달하고자 하는 내용과 삽화가 밀접한 연관을 가질 때 삽화는 학습에 도움을 주게 된다. 교과서에 게재된 삽화의 목적과 내용을 학생들에게 설명이나 지시를 통해 알려주고, 삽화를 통해 전달하고자 하는 내용이 삽화의 특징에 맞는 적당한 크기와 밝기로 제작되어 교과서에 게재될 때 삽화를 대하는 학생들이 삽화에 대해 관심과 흥미를 가지게 되어 교과서에 게재된 삽화의 교육적 효율성을 더 높일 수 있을 것이다.

나. 삽화자료의 분류

본 연구에서 '삽화자료'라 함은 교과서에 수록된 내용 중 문자로 서술된 것 이외의 그림, 사진, 지도, 만화, 바탕그림, 설명그림 등을 총칭하는 평면적 시각자료 모두를 의미한다. 이러한 시각자료는 여러 측면에서 분류될 수 있지만 본 연구를 위해 형태와 내용을 중심으로 분류하였다. 먼저 형태별로는 사진, 만화, 도표, 그림, 도해 등으로 분류하였으며, 다음으로 내용분석에 따라서 중복, 내용관련성, 효과적 삽화제시 등으로 분류하였다.

다. 삽화자료의 교육적 활용 가치

교과서에 제시되어 활용되는 삽화자료들은 학습자에게 흥미와 관심을 갖게 하여 학습활동에 적극성을 보이도록 하고 지속성 있는 학습을 할 수 있도록 선정·조직된 것이다. 따라서 삽화자료 자체로서의 의미보다는 그것이 학습의 기본 요소, 즉 교과 내용을 해설하기 위한 자료로서 이용되고 그 지식을 알게 되는 과정에 따라 적절하게 제시될 때 교육적 가치를 지니게 되는 것이다.

정치적 사고력과 문제해결력을 기르기 위한 정치학습이란 곧 학습의 주체인 학습자의 정치 탐구 활동을 통해서만 가능한 것이지 교사가 학생의 탐색을 대행할 수는 없다. 그러므로 교과서에 제시되는 삽화는 명확하고 구체적으로 제시되어야 한다. 아동들이 정치학습을 어려워하는 것은 정치적 사상(事象)이 언어로 표현되고, 또 그것이 추상적이며 주로 성인활동에 관한 것이기 때문이다. 아동들은 자신의 경험 내에서만 자료를 다룰 수 있는 경우가 많으며 성인활동에 관한 것을 이해할 만큼 충분한 경험을 가지고 있지 못하다. 그렇기 때문에 교과서에 제시되는 삽화자료는 학생들에게 구체적이고 직접적인 경험을 대신할 수 있는 자료로 활용될 수 있다. 학습자가 시각을 통해 경험할 수 있는 자료의 형태로 제시되어 획득되는 지식은 언어나 문장을 통한 것보다 오래 지속될 수 있으며 쉽게 아동들에게 전달된다. 다시 말해 교과서에 실린 삽화자료는 언어로서 설명하기 어려운 내용, 추상적이어서 이해하기 어려운 내용, 글로서는 복잡한 내용을 간단하고 체계적으로 제시해 주어 정치학습의 가장 가치 있는 결과인 탐구정신을 기르는 데 효과를 얻을 수 있게 해 준다는 것이다. 이처럼 교과서에 수록된 다양한 삽화자료들은 본문의 내용을 이해하는 데 필요할 뿐 아니라 자료를 보고 그것의 정치적 의미를 찾고, 정치 사실을 추리하고 파악해 내는 과정을 통해 정치교육의 목적인 정치적 사고력과 문제해결력 그리고 바람직한 정치 태도를 기를 수 있도록 해 준다. 이와 같은 교육적 효과를 얻기 위해 교과서에 제시되는 삽화는 가르치고자 하는 교과 내용과 삽화의 내용이 일치해야 하며, 교과 내용에 맞는 적절한 삽화를 선택해야 한다.

교과 내용과 삽화의 내용이 일치하지 않는 삽화를 제시하면 오히려 학습자의 주의를 산만하게 하여 학습의 방해를 초래할 수 있다. 교과 내용과 관련해서 삽화를 선택할 때는 학습자의 연령, 과거 경험 등의 지적 수준에 맞는 것이어야 하며 교과 내용의 시대적 배경과 삽화의 표현이 일치해야 한다. 교과 내용에 맞는 삽화를 선택한다는 것은 학습자에게 적절한 것에 주의를 끌게 하고 교과 내용의 전달을 명확히 해 주는 기능을 하는 것이다.

라. 삽화자료의 선정 및 게재

삽화자료의 교육적 효과는 어떤 자료를 선택하여 어떻게 게재하는가에 따라 달라질 수 있다. 교과 내용에 맞는 적절한 삽화를 선택하여 게재하는 일은 교과서가 탐구과정의 자료집으로서의 기능을 제대로 할 수 있느냐, 없느냐를 결정하는 일이다. 따라서 교과서 수록 삽화를 선택 게재하는 일은 신중한 고려가 있어야 한다. 그럼, 삽화자료의 선택에 있어 구체적으로 고려해야 할 점은 무엇인가? 이원순은 다음과 같이 세 가지 점들이 고려되어야 한다고 하였다.

첫째, 어떤 종류의 자료가 목적에 가장 공헌할 수 있는가?

둘째, 선택된 자료가 아동의 성숙, 흥미 및 능력에 적합한 것인가?

셋째, 다양한 자료의 균형 있는 사용이 이루어지고 있는가?

그러나 위와 같은 조건에 만족된 삽화라 하더라도 다음과 같은 기준에서 평가되어야 한다. 신세호는 삽화의 평가 기준[19]으로서

첫째, 삽화의 표현 방법(만화, 그림, 사진, 도표, 도안 등)의 선택이 적절한가?

둘째, 본문을 보충하는 입장에서 벗어나 자주적인 내용을 담고 있는가?

셋째, 표현의 내용이 명확하고 구체적인가?

넷째, 교과 전문가와 협의를 가진 것인가?

다섯째, 근거가 확실한 내용인가?

여섯째, 표현 방법이 그릇되어 다른 그림으로 오해받을 염려는 없는가 등의 여섯 가지를 들어 제시하고 있다. 삽화자료를 선정하는 것은 이처럼 대단히 중요하며 이때에는 학습자의 발달단계 고려, 자료 자체의 정확성과 창의성이 있으며 교과 내용의 전달이 명확히 이루어질 수 있는 것으로 신중히 선택되어야 한다.

이처럼 신중히 선택된 자료는 최대한의 학습효과를 기대할 수 있는 방법으로 게재될 수 있도록 해야 한다. 삽화자료의 게재는 본문 내용의 요구에 맞으며, 학습자의 지적 수준, 교과 내용의 전개 수준에 따라 조직되어 게재되어야 한다. 아무리 훌륭한 삽화자료라 할지라도 교과 내용에 맞지 않고 학습자의 능력 수준에 맞지 않으면 학습효과를 기대하기란 어려운 것이다. 또한 삽화의 크기, 본문과의 균형이 고려되어야겠으며 교과 내용과 연관지어 일관성 있게 배치해야 한다. 언제나 같은 크기의 삽화보다는 변화를 주어 지루하지 않도록 하는 것이

---

19) 신세호, "교과서 구조개선에 관한 연구", 한국교육 개발원, 1979, pp.45-46.

좋다. 삽화 내용을 간단하게 설명해 주는 해설문(caption)[20]의 제시도 삽화의 내용 이해를 돕고 삽화가 단순한 시각적 보조자료일 뿐 아니라 학습목표 도달에 중요한 기능을 수행할 수 있도록 해 줄 수 있다.

　이상에서 살펴본 바와 같이 삽화는 선정 및 게재에 있어서도 학습의 확인, 적용, 발전에 도움이 되도록 학생의 발달 단계, 본문의 내용과의 연계성, 학습목적 등을 고려하여 체계적으로 선정·게재되어야 한다.

　위의 모든 이론은 본 연구의 조사 방법 및 분석의 기준을 수립하는 데 바탕을 이룰 것이다.

---

20) 최성희, "초등학교 교과서 삽화 기능에 관한 조사 연구", 석사학위논문, 이화여대 대학원, 1987.

Ⅲ. 교과서 게재 삽화자료의 비교분석

　삽화자료의 분량분석은 초등학교 교육과정에서 흔히 주지과목이라고 부르는 6학년 2학기 국어(말하기·듣기·쓰기, 읽기), 수학, 사회, 과학교과서 각각의 1단원을 중심으로 삽화분량을 서로 비교분석하였다.

　이것은 사회과 정치 영역의 삽화를 분석함에 있어 6학년 2학기 사회교과서 1단원에 정치 영역이 내재되어 있기 때문이다. 즉 주된 분석자료인 6학년 2학기 사회교과서 1단원과 동일 선상의 범위로 분량분석의 객관도를 높이기 위해 타 교과인 국어, 수학, 과학교과서 삽화도 1단원으로 그 범위를 제한하였다. 또한 이 삽화의 비교분석은 수량적 분석의 삽화 분량분석 그리고 교과 내용과 삽화 내용과의 연계성을 분석한 내용분석과 본 연구자의 삽화의 분량분석 및 내용분석 토대로 현직교사들의 삽화에 대한 의견을 조사하는 설문지를 작성, 조사·분석하는 등 크게 세 가지 방법으로 비교분석하였다.

1. 삽화자료의 분량분석

삽화자료의 분량분석은 크게 두 가지 방법으로 분석하였다. 첫째로 쪽(Page)당 면의 전체 넓이에 대한 삽화 및 본문이 차지하는 크기(넓이)의 비율로 분석한 삽화의 분량분석과 삽화의 게재 형태를 분석한 유형별 게재 빈도수를 분량분석 내용으로 설정 연구하였다.

가. 주지교과와 비교한 사회과 정치교육 단원의 삽화분량분석

삽화자료의 분량분석 방법은 초등학교 교육과정에서 흔히 주지과목이라고 부르는 6학년 2학기 국어(말하기·듣기·쓰기, 읽기), 수학, 사회, 과학교과서 각각의 1단원을 중심으로 삽화분량을 서로 비교하여 분석하였다.

구체적 분석방법은 각 교과서의 2학기 1단원 한 면(쪽당) 종이 전체 크기(18.2cm × 25.7cm = 467.74㎠)에 대한 삽화가 차지하는 크기를 계산하고, 본문이 차지하는 크기를 계산하여 삽화 및 본문이 차지하는 각각의 크기를 백분율(%)로 나타내었다.

즉 종이 전체 크기에 대한 삽화가 차지하는 비율

$$\left(\frac{삽화크기}{한\ 면(Page)당\ 종이전체크기} \times 100 \right)$$

그리고 종이 전체 크기에 대한 문장이 차지하는 비율

$$\left(\frac{문장크기}{한\ 면(Page)당\ 종이전체크기} \times 100 \right)$$

을 각각 구하여 이 두 가지 비율을 비교하였다.

위의 분석 절차를 자세하게 차례대로 설명하면 아래와 같다.

① 책 매 쪽당 일면(一面)의 가로와 세로를 곱한 전체 넓이를 계산 (가로×세로＝넓이)[21] 한다.

② 자로 잰 삽화의 가로 길이와 세로의 길이, 그리고 본문의 가로길 이와 세로길이를 곱하여 삽화 및 본문 각각의 넓이를 계산한다.(원모 양의 삽화는 원의 넓이를 구하는 공식을 적용하였다)[22]

③ 책 한 면의 전체 넓이에 대한 삽화 넓이의 비율을 계산(삽화의 넓이÷책 한 면의 전체 넓이×100)하여 백분율(%)로 나타낸다.[23]

④ 책 한 면의 전체 넓이에 대한 본문 넓이의 비율을 계산(본문의 넓이÷책 한 면의 전체 넓이×100)하여 백분율(%)로 나타낸다.[24]

⑤ 위의 순서를 통한 계산방법으로 나온 책 한 면의 전체 넓이에 대한 삽화 및 본문이 차지하는 비율로 삽화와 본문의 크기를 서로 비 교한다.

⑥ 각 쪽수마다 구해진 전체 종이 크기에 대한 삽화의 비율의 합 (合)을 전체의 쪽수로 나누는 방식(2학기 1단원 삽화 전체 비율의 총 합(總合)÷2학기 1단원 전체의 쪽수)을 통해 삽화가 차지하는 비율의 평균치를 구한다.

⑦ 각 쪽수마다 구해진 전체 종이 크기에 대한 본문의 비율의 합 (合)을 전체의 쪽수로 나누는 방식(2학기 1단원 본문 전체 비율의 총

---

21) 직사각형 및 정사각형 등 사각형의 넓이 또는 크기를 구하는 공식.

22) 원의 넓이 또는 크기를 구하는 공식: 반지름×반지름×3.14 또는 삽화.

23) $\dfrac{\text{삽화크기}}{\text{한 면(Page)당 종이전체크기}} \times 100.$

24) $\dfrac{\text{문장크기}}{\text{한 면(Page)당 종이전체크기}} \times 100.$

합(總合)÷2학기 1단원 전체의 쪽수)을 통해 본문이 차지하는 비율의
평균치를 구한다.

⑧ 위와 같이 제시된 동일한 방법으로 국어(말하기·듣기·쓰기, 읽
기), 수학, 사회, 과학교과서 1단원 전체의 삽화 및 본문의 빈도를 구
한다.

⑨ 얻어진 평균치의 비율을 통해 국어, 수학, 사회, 과학 등 각 교과
의 삽화게재 비율을 비교한 후 정리한다.

⑩ 삽화끼리 겹쳐진 경우의 삽화, 즉 삽화 위에 삽화가 있는 경우는
겹침에 관계없이 커다란 삽화의 크기를 중심으로 전체 종이에 대한
삽화가 차지하는 비율을 구했다.

⑪ 각 쪽수마다 구해진 삽화 및 분문의 게재 비율(%)은 소수 둘째
자리에서 반올림하였고 이의 전체 평균값은 소수 셋째 자리에서 반올
림하여 평균값을 구했다.

위의 조건에 따른 삽화분량 비교분석결과는 〈표 Ⅲ-1, 2, 3, 4〉와
같다.

〈표 Ⅲ-1〉 국어과 삽화분량분석결과

과목	대단원	중단원	교과서	쪽	삽화크기 cm²	삽화크기 (%)	본문크기 cm²	본문크기 (%)	비　고
국어	첫째마당	1. 시와 함께	말하기·듣기·쓰기	4	104.5	22.3	144.5	30.9	1. 교과서 1면당 크기(4×6배판) : (18.2cm × 25.7cm =467.74cm²) 2. 백분율은 교과서 1면당 크기에 대한 삽화 및 본문이 차지하는 크기를 각각 %로 나타냄
				5	467.74	100	22	4.7	
				6	195	41.7	128	27.4	
				7	63	13.5	63	13.5	
				8	252	53.9	21	4.5	
				9	252	53.9	42	9	
				10	238	50.9	24	5.1	
				11	0	0	140	30	
				12	187	40	179	38.3	
				13	144	30.8	64	13.7	
				14	96	20.5	20	4.3	
				15	91	19.5	150.5	32.2	
				16	180	38.5	42	9	
				17	0	0	181.25	38.8	
				18	49.5	10.6	265.5	56.8	
				19	58.5	12.5	238.75	51	
				20	0	0	297.25	63.6	
				21	147	31.4	145	31	
				22	0	0	273	58.4	
				23	99	21.2	168	35.9	
				24	7.5	1.6	292.5	62.5	
				25	0	0	270	57.7	
				26	219	46.8	47	10	
				27	0	0	304.5	65.1	
				28	180	38.5	95	20.3	
				29	143	30.6	40.5	8.7	
				30	90	19.2	204	43.6	
				31	99	21.2	95	20.3	
				32	9	1.9	280	59.9	
				33	0	0	304.5	65.1	
				34	166	35.5	104.5	22.3	
				35	184	39.3	129.5	27.7	
				평균	116.30	24.87	149.24	31.92	

과목	대단원	중단원	교과서	쪽	삽화크기 ㎠	삽화크기 (%)	본문크기 ㎠	본문크기 (%)	비 고
국어	첫째마당	1. 시와 함께	읽기	4	115	24.6	52.75	11.3	
				5	256	54.7	22	4.7	
				6	88	18.8	167	35.7	
				7	196	41.9	122	26.1	
				8	119	25.4	168	35.9	
				9	63	13.5	153.75	32.9	
				10	309.4	66.1	129	25.6	
				11	130	27.8	155	33.1	
				12	0	0	280	59.9	
				13	66	14.1	196	41.9	
				14	112	23.9	231	49.4	
				15	0	0	280	59.9	
				16	169	36.1	56	12	
				17	0	0	280	59.9	
				18	110.5	23.6	147	31.4	
				19	0	0	287	61.4	
				20	130	27.8	140	30	1. 교과서 1면당
				21	0	0	287	61.4	크기(4×6배판) :
				22	0	0	287	61.4	(18.2cm × 25.7cm
				23	136.5	29.2	133	28.4	=467.74㎠)
				24	0	0	195.75	41.9	
				25	0	0	280	59.9	2. 백분율은 교
				26	161	34.4	137	29.3	과서 1면당 크
				27	42	9	224	47.9	기에 대한 삽화
				28	152	32.5	133	28.3	및 본문이 차지
				29	0	0	280	59.9	하는 크기를 각
				30	0	0	182	38.9	각 %로 나타냄
				31	126	26.9	74	15.8	
				32	21	4.5	268	57.3	
				33	0	0	280	59.9	
				34	0	0	280	59.9	
				35	0	0	287	61.4	
				36	0	0	280	59.9	
				37	0	0	280	59.9	
				38	0	0	280	59.9	
				39	126	26.9	154	33.1	
				40	0	0	280	59.9	
				41	156	33.4	112	23.9	
				42	32	6.8	28	6	
				43	0	0	210	44.9	
				44	96	20.5	89.25	19.1	
				45	129	27.6	70.7	15.1	
					72.41	**15.48**	**189.96**	**40.58**	

국 어 (말하기 · 듣기 · 쓰기, 읽기 전체)	삽화크기 ㎠	삽화크기 (%)	본문크기 ㎠	본문크기 (%)	비 고
	94.36	20.17	169.60	36.26	범위: 국어교과서 1단원 전체

위의 〈표 Ⅲ-1〉과 같이 6학년 2학기 국어교과서 1단원 삽화분량 및 본문의 분량을 조사한 결과 말하기 · 듣기 · 쓰기로 구성되어 있는 국어교과서 삽화는 교과서 1쪽(Page)당 크기(467.74㎠)에 대한 116.30㎠의 넓이로 교과서 1쪽(Page)당 크기에 24.9%를 차지하고 있으며 본문은 149.24㎠ 넓이로 31.9%를 차지하였다. 또한 읽기로 구성되어 있는 또 다른 국어교과서는 71.41㎠의 넓이로 교과서 1쪽(Page)당 크기에 15.5%를 차지하고 있으며 본문은 189.96㎠ 넓이로 40.6%를 차지하였다. 따라서 이 두 국어교과서를 종합한 결과 삽화는 교과서 1쪽(Page)당 크기(467.74㎠)에 대한 94.36㎠의 넓이로 교과서 1쪽(Page)당 크기에 20.2%를 차지하고 있으며 본문은 169.60㎠ 넓이로 36.3%를 차지하였다. 삽화와 본문과의 비는 20 대 36으로 약 1.8배 정도 삽화보다 본문의 게재 비율이 높았다. 이는 삽화보다는 본문의 내용으로 국어교과의 특성인 말하기, 듣기, 쓰기, 읽기에 큰 영향을 끼치는 어휘력 제고, 문장기술력 제고 등 한국어 학습향상에 도움을 주고 있다.

〈표 Ⅲ-2〉 수학과 삽화분량분석결과

과목	대단원	중단원	쪽	삽화크기 ㎠	삽화크기 (%)	본문크기 ㎠	본문크기 (%)	비 고
수 학	1. 분수의 나눗셈	1. 분수의 계산	1	467.74	100	0	0	1. 교과서 1면당 크기(4×6배판) : (18.2cm × 25.7cm=467.74 ㎠) 2. 백분율은 교과서 1면당 크기에 대한 삽화 및 본문이 차지하는 크기를 각각 %로 나타냄
			2	133.5	28.5	162.24	34.7	
			3	0	0	295.74	63.2	
			4	75.5	16.1	220.24	47.1	
			5	0	0	295.74	63.2	
			6	49.5	10.6	246.24	52.6	
			7	0	0	295.74	63.2	
			8	49.5	10.6	246.24	52.6	
			9	0	0	295.74	63.2	
			10	49.5	10.6	246.24	52.6	
			11	0	0	295.74	63.2	
			12	101.5	21.7	194.24	41.5	
			13	0	0	295.74	63.2	
			14	49.5	10.6	246.24	52.6	
			15	0	0	295.74	63.2	
			16	467.74	100	235	50.2	
			17	467.74	100	165	35.3	
			18	105.8	22.6	220	47.0	
			평균	**112.08**	**23.96**	**236.21**	**50.48**	

위의 〈표 Ⅲ-2〉와 같이 6학년 2학기 수학교과서 1단원 삽화분량 및 본문의 분량을 조사한 결과 삽화는 교과서 1쪽(Page)당 크기(467.74 ㎠)에 대한 112.1㎠의 넓이로 교과서 1쪽(Page)당 크기에 24%를 차지하고 있으며 본문은 236.2㎠ 넓이로 50.5%를 차지하였다. 따라서 삽화와 본문과의 비는 24 대 50.5로 약 2배 정도가 삽화보다 본문의 게재 비율이 높아 삽화보다는 본문의 내용으로 수학교과의 특성인 계산력 및 이해력 증진에 도움을 주고 있다.

〈표 Ⅲ-3〉 과학과 삽화분량분석결과

과목	대단원	중단원	쪽	삽화크기 ㎠	삽화크기 (%)	본문크기 ㎠	본문크기 (%)	비 고
과학	1. 물속에서의 무게와 압력	1. 무게와 압력	3	467.74	100	58.75	12.6	1. 교과서 1면당 크기(4×6배판): (18.2cm × 25.7cm＝467.74 ㎠) 2.백분율은 교과서 1면당 크기에 대한 삽화 및 본문이 차지하는 크기를 각각 %로 나타냄
			4	290.2	62	45	9.6	
			5	260	55.6	21.75	4.7	
			6	300.2	64.2	50.75	10.9	
			7	250.1	53.5	25.5	5.5	
			8	236.75	50.6	21	4.5	
			9	323.5	69.2	50.5	10.8	
			10	229.5	49.1	70	15	
			11	342.86	73.3	33.5	7.2	
			12	266.6	57	46.5	9.9	
			13	246	52.6	45.5	9.7	
			14	201.5	43.1	44	9.4	
			15	195	41.7	34	7.3	
			16	189	40.4	70	15	
			평균	271.35	58.02	44.05	9.44	

위의 〈표 Ⅲ-3〉과 같이 6학년 2학기 과학교과서 1단원 삽화분량 및 본문의 분량을 조사한 결과 삽화는 교과서 1쪽(Page)당 크기(467.74 ㎠)에 대한 271.35㎠의 넓이로 교과서 1쪽(Page)당 크기에 58%를 차지하고 있으며 본문은 44.05㎠ 넓이로 9.4%를 차지하였다. 따라서 삽화와 본문과의 비는 58 대 9로 약 6.5배 정도가 본문보다 삽화의 게재 비율이 높아 본문보다는 삽화의 내용으로 과학교과의 특성인 실험방법 및 절차에 대한 사실적인 자료로서 삽화자료 게재 비율이 매우 높았다.

〈표 Ⅲ-4〉 사회과 삽화분량분석결과

과목	대단원	중단원	소단원	쪽	삽화크기 ㎠	삽화크기 (%)	본문크기 ㎠	본문크기 (%)	비 고
사 회	1. 우리 나라 의 민주 정치	1. 우리 생활 과 정치	단원 도입	2	317	67.9	39.5	8.4	1. 교과서 1면당 크기(4×6배판) : (18.2cm × 25.7cm= 467.74㎠) 2. 백분율은 교과서 1면당 크기에 대한 삽화 및 본문이 차지하는 크기를 각각 %로 나타냄
				3	145.6	31.1	147.5	31.5	
			민주 정치 와 생활	4	103.5	22.0	94	20.1	
				5	320.4	68.5	11	2.4	
				6	227	48.5	25.5	5.5	
				7	348	74.4	29.75	6.4	
				8	330.25	70.6	27	5.8	
				9	396	84.7	110	23.5	
				10	301	64.4	42	9	
				11	371.75	79.5	14	3	
				12	99.5	21.3	82.5	17.6	
			국민 의 정치 참여	13	175	37.4	77	16.5	
				14	208.5	44.6	33	7.1	
				15	181.25	38.6	16.5	3.5	
				16	56.25	12	220	47	
				17	188.75	40.4	49.5	10.6	
				18	286.75	61.3	0	0	
				19	308.4	65.9	16.5	3.5	
				20	297	63.5	44	9.4	
				21	0	0	260	55.6	
		2. 나라 일을 맡아 하는 기관 들	국민 의 대표 들의 모인 국회	22	106	22.7	231	49.4	
				23	300	64.1	0	0	
				24	102	21.8	33	7.1	
				25	101.52	21.7	82.5	17.6	
				26	252	53.9	77	16.5	
				27	64	13.7	198	42.3	
				28	378	80.8	63	13.5	
			나라 살림 을 맡아 하는 행정 부	29	99.45	21.3	132	28.2	
				30	308	65.8	38.5	8.2	
				31	107	22.9	221	47.2	
				32	234	50	66	14.1	
				33	99.6	21.3	200	42.8	
				34	153	32.7	11	2.4	
				35	14.28	3.05	206.72	44.2	
				36	294.25	60.8	198	43.5	

과목	대단원	중단원	소단원	쪽	삽화크기 ㎠	삽화크기 (%)	본문크기 ㎠	본문크기 (%)	비 고
사 회	1. 우리 나라 의 민주 정치	2. 나라 일을 맡아 하는 기관 들	국민 의 권리 를 보호 하는 법원	37	80	17.1	182.5	39	
				38	210.5	45	77	16.5	
				39	467.74	100	77	16.5	
				40	104.28	22.3	159.5	34.1	
				41	96.67	20.7	154	33	
				42	77	16.5	156	33.4	
				43	130.84	28	176	37.6	
				44	134	28.6	110	23.5	
				45	110.5	23.6	112	23.9	
		3. 국민 의 권리 와 의무	누려 야 할 권리 지켜 야할 의무	46	98	21	159.5	34.1	1. 교과서 1면당 크기(4×6배판) : (18.2cm × 25.7cm = 467.74㎠)
				47	152.9	32.7	82.5	17.6	
				48	137.9	29.5	104.5	22.3	
				49	272.4	58.2	32	6.8	
				50	20	4.3	238	50.9	
				51	116	24.8	186	39.8	
				52	194	41.5	49.5	10.6	
				53	243.95	51.2	0	0	
			보호 해야 할인 권	54	158.02	33.8	99	21.2	2. 백분율은 교과서 1면당 크기에 대한 삽화 및 본문이 차지하는 크기를 각각 % 로 나타냄
				55	250.02	53.5	22	4.7	
				56	227	48.5	55	11.8	
				57	45	9.6	165	35.3	
				58	179.5	38.4	121	25.9	
				59	255	54.5	77	16.5	
				60	180	38.5	36	7.7	
				61	167.5	35.8	96	20.5	
				62	13	2.8	267	57.1	
				63	0	0	287	61.4	
				64	90	19.2	207	44.3	
				65	0	0	210	44.9	
				평균	179.48	38.32	106.17	22.72	

위의 〈표 Ⅲ-4〉와 같이 6학년 2학기 사회교과서 1단원 삽화분량 및 본문의 분량을 조사한 결과 삽화는 교과서 1쪽(Page)당 크기(467.74 ㎠)에 대한 179.48㎠의 넓이로 교과서 1쪽(Page)당 크기에 38.3%를

차지하고 있으며 본문은 106.17㎠ 넓이로 22.7%를 차지하였다. 따라서 삽화와 본문과의 비는 38.3 대 22.7로 약 1.7(1.687)배 정도가 본문보다 삽화의 게재 비율이 높았다. 이는 1페이지당 73.31㎠ 크기 정도의 삽화가 더 많음을 알 수 있다. 본문보다는 삽화의 내용으로 정치현상에 대한 구체적 이해자료로서 삽화가 쓰였다.

〈표 Ⅲ-5〉 주지교과 1단원의 삽화분량분석결과

교과 구분 분석대상	국 어		수 학		사 회		과 학		비 고
	삽화	본문	삽화	본문	삽화	본문	삽화	본문	
크기(㎠)	94.36	169.60	112.08	236.21	179.48	106.17	271.35	44.05	사각형 및 원 넓이 구하는 공식 사용
비율(%)	20.18	36.25	23.96	50.48	38.32	22.72	58.02	9.44	삽화 및 본문크기÷ 한 면 전체 크기×100

각 쪽수마다 구해진 전체 종이 크기에 대한 삽화의 비율의 합(合)을 전체의 쪽수로 나누는 방식(삽화의 비율의 합(合)÷1단원 전체의 쪽수)을 통해 삽화가 차지하는 비율의 평균치를 구한 값. 즉 1쪽당 내재되어 있는 삽화게재 비율의 평균값을 구한 것이다. 이 분석결과 각 교과마다 1단원 내의 쪽(page)수는 달랐지만 그곳에 내재되어 있는 쪽당 평균 삽화의 게재 비율은 과학(58.02%), 사회(38.32%), 수학(23.96%), 국어(20.18%) 순이었다. 위 결과를 통해 알 수 있는 사실은 사회 및 과학교과의 학습 시 탐구학습을 필요로 하며 탐구과정 시 비교적 활동성이 강한 교과목들로 쪽당 높은 삽화게재 비율의 수치를 보인 공통점을 가지고 있다. 더 구체적으로 살펴보면 사회교과목은 정치현상에 대한 구체적 이해자료로서 삽화가 쓰였으며 과학교과목은

주로 실험방법 및 절차를 삽화(사진)로 많이 제시하여 쪽당 평균적 삽화 수의 빈도가 높았다.

특히 사회교과서는 한 쪽당 삽화가 본문보다 아래의 직사각형 그림의 크기만큼 더 있음을 뜻한다.

매 쪽(Page) 마다 가로 12cm × 세로 6cm = 72㎠

실제의 넓이로

한 행이 12cm 길이 정도의 9행짜리 글을

쓸 수 있는 공간이다.

이는 매 쪽(Page)마다 가로12cm×세로6cm=72㎠ 넓이로 한 행이 12cm[25] 길이 정도의 9행짜리 글을 쓸 수 있는 공간이다.

6학년 사회교과서 1단원 내의 쪽당 평균 삽화게재 비율 분석결과는 정치교육 관련 단원에 있어서 삽화자료에의 의존도가 비교적 높다는 사실을 보여준다. 비록 교과서 내의 삽화가 영상 세대인 요즘 학생들의 지적(知的) 호기심을 쉽게 자극할 수 있다는 긍정적인 면이 없지 않다고 하더라도 이러한 게재 비율은 너무 높다고 여겨진다.

그 이유는 두 가지 측면에서 지적될 수 있을 것이다.

그 첫째는 초등학교 6학년이라는 피교육자들의 발달단계와 관련된다. 초등학교 6학년 학습자의 발달단계는 구체적인 사물 없이도 상징

---

25) 6학년 2학기 사회교과서 정치 영역 1단원 본문 내용의 보편적인 한 행의 길이.

적인 아이디어를 가지고 추상적인 사고를 할 수 있는 형식적 조작기에 해당된다. 이 발달단계에서 학생들은 가설설정·추리·논리적 결론 형성을 할 수 있다. 또한 개념을 분류하고 결론을 내리는 것과 같은 추상적 사고(思考)를 바탕으로 교과서 내의 추상적이고 상징적인 용어들로 구성되는 본문 내용을 활용하여 여러 가지 상황을 이해할 수도 있다. 따라서 삽화게재가 지나치게 많은 것은 오히려 학생들이 기초적인 정치지식을 체계화하여 터득하는 데 지장을 초래할 수도 있다. 학습자의 인지 발달 수준에 맞는 설명적 문장의 게재 비율을 약간 더 늘리는 것이 정치교육 관련 교과 내용을 이해시키는 데 더 효율적이리라 생각된다.

그 둘째는 정치 영역 교과 내용의 성격과 관련된다. 실제로 교과서 내용을 분석해 보면, (1) 정부의 구조, 입법부·사법부·행정부의 하는 일, 선거 및 투표 과정을 포함한 여러 가지 정치제도와 관련된 인지적 구성 요소, (2) 권리와 의무의 이행, 준법정신, 대화와 타협을 통한 민주적 해결 등 정치적 태도와 관련된 정의적 구성 요소, (3) 그리고 인터넷 및 대중 매체를 통하여 정보를 수집하며, 주인 의식을 갖고 학급 내의 각종 의사 결정에 참여, 그 결정 내용에 따라 행동하고, 문제해결에 있어 타인의 의견을 존중하는 등의 행동적인 구성 요소로 크게 구분된다. 이러한 일련의 내용들에는 논리적 사고와 추론을 통한 추상적 이해를 요하는 요소가 많이 포함되어 있어서 단순히 삽화만 가지고는 제대로 이해시키기 어려운 면이 상당히 강하다. 따라서 교과서 지면 구성에 있어서 주제 내용의 특성에 적합하면서도 이해하기 쉬운 언어적 표현으로 이루어지는 본문 부분을 조금 더 늘림으로써 논리적이고 추상적인 사고를 통하여 배우고 익히는 정치학습을 유도하는 것이 6학년 수준의 학습자들에게는 더 효과적이리라고 판단된다.

나. 유형별 삽화 분량분석

본 연구에서는 삽화의 유형별 분석은 삽화의 게재형식, 즉 "어느 양식을 빌어 삽화를 게재(제시)하였는가"에 대한 분석이다. 여기서는 삽화를 크게 사진, 만화, 도표, 그림, 도해(도형)등 5개 유형으로 나누어 분석하였다. 위 분석은 전체 삽화 개수 유형별 삽화 개수가 차지하는 양, 즉 각각의 제시된 유형별 삽화의 양을 백분율(%)로 산출하여 결과를 처리하였다. 위 조건에 따른 분석결과는 〈표 Ⅲ-6〉과 같다.

〈표 Ⅲ-6〉 유형별 삽화분량분석결과

	대단원	중단원	소단원	쪽(page)	사진	만화	도표	그림	도해(도형)
말하기 · 듣기 · 쓰기	첫째마당	1. 시와 함께	도 입	4~5쪽				2	
			1. 시와 함께	6~15쪽		1		7	
			2. 이야기 속으로	16~25쪽				6	
			3. 한 걸음 더	26~35쪽	1			12	
읽기			도 입	4~5쪽				2	
			1. 시와 함께	6~11쪽				5	
			2. 이야기 속으로	12~25쪽				5	
			3. 한 걸음 더	26~45쪽				11	
수학	1. 분수의 나눗셈	1. 분수의 계산	도 입	1쪽				1	
			주지단원	2~16쪽				7	5
			문제해결	17~18쪽				1	
과학	1. 물 속에서의 무게와 압력	1. 무게와 압력	도 입	3쪽	1				
			실험단원	4~15쪽	53			3	
			심화단원	16쪽	1			2	
사회	1. 우리나라의 민주정치	1. 우리생활과 정치	단원도입	2~3쪽	3			1	
			①민주정치와 생활	4~12쪽	15	3	1	17	
			②국민의 정치 참여	13~21쪽	11	2		19	

	대단원	중단원	소단원	쪽(page)	사진	만화	도표	그림	도해 (도형)
사회	1. 우리나라의 민주정치	2. 나라 일을 맡아하는 기관들	① 국민의 대표들이 모인 국회	22~28쪽	12			16	
			② 나라 살림을 맡아하는 행정부	29~36쪽	17	1		15	1
			③ 국민의 권리를 보호하는 법원	37~45쪽	8			17	2
		3. 국민의 권리와 의무	① 누려야 할 권리 지켜야 할 의무	46~53쪽	8			21	
			② 보호해야 할 인권	54~65쪽	9	1		25	

위 분석은 전체 삽화 개수에서 유형별 삽화 개수가 차지하는 양, 즉 각각의 제시된 유형별 삽화의 양을 백분율(%)로 산출하여 결과를 처리하였다.

말하기·듣기·쓰기, 읽기를 포함한 국어교과서의 전체 52개 삽화 중 아래 〈삽화 Ⅲ-1〉과 같이 그림이 차지하는 비율은 50개로 96.2%를 차지하고 있으며, 이 것은 이야기 전개과정에서 줄거리의 이해력을 높이기 위함인데 본문 내용의 일부분을 그대로 옮겨 놓은 그림이 여러 부분으로 국어교과서 독해력 증진에 그림이 매우 중요한 역할을 한다.

〈삽화 Ⅲ-1〉 국어교과서 중 본문 내용의 일부를 그대로 옮겨 놓은 그림

수학은 전체 14개 삽화 중 9개의 그림으로 교과서 주변에 그려놓은 장식용 삽화가 주였으나 특히 〈삽화 Ⅲ-2〉과 같이 도형이 5개로 35.7%

를 차지하는데 이것은 분수개념과 분수를 이용한 나눗셈 계산에 이해력을 높이기 위한 긴 직사각형 형태의 띠를 말한다.

〈삽화 Ⅲ-2〉 수학교과서 중 수학의 개념을 높이기 위한 그림

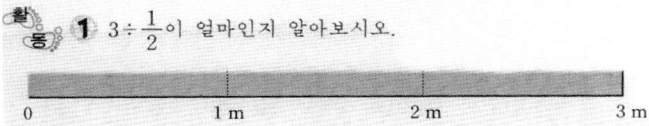

과학은 총 60개의 삽화 중 사진이 91.7%로 압도적이다. 이것은 〈삽화 Ⅲ-3〉과 같이 실험활동 시 정확한 실험을 통해 비교적 오차가 적은 실험결과를 얻기 위함으로 실험방법 및 절차에 대한 정확하고 사실적인 삽화자료가 필요했기 때문에 사진의 게재 비율이 매우 높았다.

〈삽화 Ⅲ-3〉 과학교과서 중 사실적인 삽화 사진

사회는 전체 225개의 삽화 중 95.56%인 215개 삽화가 그림과 사진
으로 많은 게재 비율을 차지하고 있는데 그림의 경우는 사례, 민주적
절차에 의한 문제해결과정, 어린이의 질문에 답변하는 어른의 모습이
있는 인물형 삽화(삽화 Ⅲ-4) 등은 어린이의 정치에 대한 그리고 본
문 내용과 연관된 보충설명용 그림이 많기 때문이다.

〈삽화 Ⅲ-4〉 아동 질문에 답변하는 어른의
모습이 담긴 인물형 삽화

사진의 경우는 〈삽화 Ⅲ-5〉 제시와
같이 나라 일을 맡은 기관의 건물·회
의모습·시민단체 활동모습 및 사회문
제 등 시사적이고 사실성이 강한 내용
들이 주를 이루었다. 이것은 사회과의
경우 사진의 활용이 타 교과(국어·수
학)에 비해 두드러지며 이는 사회교과
의 특성으로 사회적 사실과 사회현상을
바르게 볼 수 있는 과학적 지식을 발견

〈삽화 Ⅲ-5〉 나라 일을 맡은
기관의 건물 삽화(청와대)

하고 적용하는 데 필요한 사고 능력을 키워주는 데 도움을 준다.

만화의 경우에는 한 주제 내에서 이야기 전개과정이나 같은 상황을 병렬로 연결할 경우에 만화형식을 빌어 놓은 삽화로 3.11%의 7개의 적은 양이나 20쪽〈삽화 Ⅲ-6〉'내고장 문화재 사랑 모임'이라는 만화와 같이 시민단체의 역할을 간결하고 전달력과 이해력을 강조하여 시민단체의 활동내용을 쉽게 파악할 수 있는 좋은 삽화의 예라 하겠다.

〈삽화 Ⅲ-6〉'내고장 문화재 사랑 모임'이라는 만화

도해의 경우에는 〈삽화 Ⅲ-7〉과 같이 법원의 도해나 모의재판 절차나 그래프 등을 포함하여 문장으로 기술했을 때보다 확연하게 눈으로 학습 내용을 이해하는 데 큰 역할을 하였다.

〈삽화 Ⅲ-7〉 법원도해

위의 결과를 정리하면 국어교과서 경우 이야기 전개과정의 독해력 증진을 위해 그림의 삽입이 많았고, 수학은 도형을 통한 이해력 및 문제해결력 증진, 과학은 실험 절차나 방법의 사실적인 사진 삽화, 본 연구교과인 사회교과서는 사회적 사실 및 현상을 바르게 이해하도록 사진 및 그림에 역점을 두어 게재하였다.

이것은 과학적 탐구능력이 필요한 사고능력을 기르기 위함이라 판단된다. 그러나 삽화가 너무 정치적 사실현상 제시에 치우쳐 사진의 제시가 두드러졌고 또한 말주머니가 있는 그림형 삽화를 대량 게재함으로써 여러 형식의 삽화를 고르게 제시하지 않는 사진 및 그림의 편향적인 삽화제시 등의 문제점을 가지고 있다. 이것은 사회과 구조로서의 비판적 사고, 문제해결능력을 기를 수 있는 객관적인 자료의 도해나 도표 등 여러 내용이 함축된 자료가 더 필요하다고 본다.

2. 삽화자료의 내용분석

교과 내용에 적합한 삽화자료를 선택·게재하는 일은 수업매체로서의 삽화의 기능을 결정하는 중요한 일이다. 따라서 교과서에 수록될 삽화자료는 조심스럽고 신중하게 골라야 한다. 학습자의 학습효과를 최대한 높이기 위해 선정되는 삽화자료는 근본적으로 가르치고자 하는 교과 내용과 삽화 내용이 연계성을 가지고 있어야 하는 삽화와 본문과의 관련성이 고려되어야하겠다. 이것은 학습자에 적합하다고 전문가에 의하여 비판되고 정리되어 해석·서술된 것이어야 한다.

교과서의 삽화가 아무리 엄격한 선정기준에 의해 선택한 자료라 할지라도 이것을 '어떻게 제시하느냐'에 따라서 교육효과는 달라진다. 그러므로 학습효과를 극대화시킬 수 있는 게재 방법이 모색되어야 한다.

교과서에 수록되는 삽화자료는 순서에 의한 단순한 배열이 아니라 문맥 내에서 요구되는 목적에 따르면서 학습자의 지적 수준에 맞게, 그리고 교과 내용의 전개 순서에 적절하도록 논리적이고 체계적으로 재구성되어야 한다. 이러한 삽화자료의 배치와 함께 고려되어야 할 것은 같은 내용 또는 같은 형식의 삽화중복을 없애 단조로움을 피해야 한다. 또 삽화의 내용이나 목적을 간략하게 설명해 주는 표제를 삽화자료 바로 밑에 제시해 주는 것이다.

그러면 실제 교과서 속에서 어떻게 게재되고 있는지를 몇 가지 주제를 통하여 살펴보겠다.

위의 세 가지, 즉 삽화와 본문과의 관련성 분석과 삽화자료의 중복성 경향분석, 그리고 삽화제시방법 등 분석을 위한 삽화자료의 기본적인 내용은 부록 1(초등학교 6학년 2학기 사회교과서 1단원 정치 영역 부분의 삽화분석결과)과 같다.

가. 삽화와 본문과의 관련성 분석결과

전체 225개의 삽화 중 극히 미비한 3.6%인 8개의 삽화가 본문 내용과 관련성이 적은 것으로 분석되었다. 즉 그 내용을 살펴보면 아래 〈표 Ⅲ-7〉과 같다.

〈표 Ⅲ-7〉 본문과의 관련성에 문제가 있다고 평가된 삽화

순서	쪽	사진이름 및 내용	본문 내용	문제점
1	22	국회상임위원회 회의모습	국회의원은 어떻게 선출되는지 알기	주된 본문 내용과 사진내용 상이
2	33	건설교통부에서 하는 일 (고속도로 사진)	본문에는 건설교통부 대한 설명 없음	주된 본문 내용에 없는 사진게재
3	39	푸른하늘의 구름이 뜬 그림	법원에 종류 대해 알아보기	법원과 관계없는 바탕화면
4	46	사회과 부도 펴고 공부하는 장면	국민의 권리와 의무	정치와 관련 없는 지리내용사진
5	50	거리를 나타낸 삽화	국민으로서 지켜야 할 의무	주변의 간단한 꾸미기용 삽화
6	51	거리를 나타낸 삽화	가족구성원이 하는 일	주변의 간단한 꾸미기용 삽화
7	54	나무 그림	인권을 지키기 위해 도움을 받아야 하는 사람들	본문 내용과 관계없는 바탕화면
8	55	나무 그림	인권을 지키기 위해 도움을 받아야 하는 사람들	본문 내용과 관계없는 바탕화면

위 표의 분석을 설명하면 다음과 같다.

〈삽화 Ⅲ-8〉은 교과서 22-23쪽 국회의원이 되는 과정의 전 과정을 나타내고 배우는 곳인데, 즉 소주제는 '국회의원은 어떻게 선출되는지

알아보자'인데 사진은 본문과 관계없는 상임위원회 회의모습이 실려
있다.

〈삽화 Ⅲ-8〉 국회 상임위원회 회의모습

〈삽화 Ⅲ-9〉는 행정부서의 설명으로 고속도로 사진만 게재되어 있
고 본문에는 건설교통부에 대한 언급이 전혀 없어 교사의 보충설명이
필요한 삽화였다.

〈삽화 Ⅲ-9〉 건설교통부에서 하는 일

〈표 Ⅲ-7〉에서 3, 5, 7, 8번 삽화는 〈삽화 Ⅲ-10〉처럼 바탕그림으로 제시된 본문 내용과는 전혀 관련이 없는 삽화로 면을 꾸미기 위한 것으로 보인다.

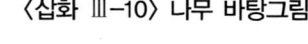
〈삽화 Ⅲ-10〉 나무 바탕그림

〈표 Ⅲ-7〉에서 4번 사진은 〈삽화 Ⅲ-11〉 사회과 부도 보며 지리 공부하는 사진과 같이 지리와 정치 영역인 법원과 거리가 멀어 본문과 관련성이 적은 삽화로 분석되었다. 또한 그림 자체도 비스듬하게 삽입되어 있다.

〈삽화 Ⅲ-11〉 사회과 부도 보며 지리 공부하는 사진

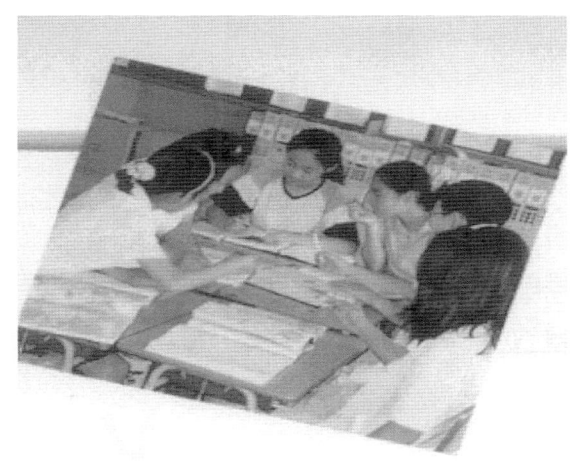

위 조사 내용들과 같이 그냥 지나칠 수도 있는 바탕그림 등이 있지만 초등학교 최고학년인 6학년 교과서라는 점에서 심도 있고 내용 있는 삽화를 교환 또는 첨부하는 것도 좋은 방안이라 하겠다.

나. 삽화자료의 중복경향분석

정치 영역 부문의 전체 65쪽의 양 225개 삽화 중 14.7%인 33개의 삽화가 14개의 삽화제재(영역)로 모양, 내용, 형식 등의 형태로 중복된 삽화를 볼 수가 있었다. 중복삽화분석에서는 삽화를 실은 면이 마주 보는 등 그 면이 동일하지 않아도 65쪽 정치 영역 전체 영역을 대상으로 삽화의 중복 여부를 분석하였으므로 중복된 삽화들은 정치 영역 여러 면(Page)에서 찾아낼 수 있었다. 또한 이 분석에서는 삽화형태, 즉 모양뿐만이 아닌 삽화의 내용까지도 동일했을 때 삽화의 중복경향으로 분석했다. 그 결과는 〈표 Ⅲ-8〉과 같다.

〈표 Ⅲ-8〉 삽화의 중복성 분석결과

순서	삽화의 제재	삽화명	쪽	중복 내용
1	국회의사당 건물	표제 없음	2	모양중복
		표제 없음	22	
		표제 없음	28	
2	국회 본회의 전경	나라 일을 맡아하는 기관들	3	모양중복
		표제 없음	45	
3	학급 내 모둠 토론장면	표제 없음	8	내용중복
		표제 없음	12	
4	3·15부정선거무효 거리데모	4·19혁명사진	13	내용중복
		부정선거 무효 데모그림	13	
5	문제해결을 위한 회의모습	문제해결을 위한 회의 그림	19	내용중복
		표제 없는 사진	19	
6	투표하는 모습	평등선거그림	25	모양중복
		참정권그림	49	
7	정부종합청사	대전청사, 중앙청사, 과천청사	29	내용중복
8	외국원수 접견	외국원수 접견(김대중: 부시)	30	내용중복
		바탕신문사진(표제 없음)	30	
9	행정부기관	감사원, 청소년보호위원회, 사이버경찰청홈페이지	34	동일한 형식중복 (홈페이지 사진)
10	정의의 여신상	표제 없는 그림	40	모양중복
		정의의 여신상 동상 사진	43	
11	공간 메우기 위한 바탕그림	길거리 그림	50	모양중복
		길거리 그림	51	
12	나무를 소재로 한 바탕그림	나무 그림	54	모양중복
		나무 그림	55	
13	인터넷 이용 조사하는 장면	인터넷 이용하는 장면의 사진	56	모양중복
		인터넷 이용하여 조사하는 그림	56	
		인터넷 이용하는 장면의 사진	59	
		인터넷 이용하는 장면의 그림	60	
14	T.V를 통한 정치참여내용 삽화	T.V 프로그램을 통한 정치참여	14	모양중복
		행복한 삶을 위한 우리의 노력	61	

〈표 Ⅲ-8〉에 있는 1번 삽화 국회 의사당 전경은 삽화의 형식이 다른 그림 및 사진 등으로 세 번 중복해서 게재하는 등 중복성이 심하였다.

〈삽화 Ⅲ-12〉 국회의사당

〈표 Ⅲ-8〉에 2번 삽화 국회 본회의 전경같이 3쪽 단원도입 부분과 45쪽 선택학습의 사진도 사진의 크기만 다를 뿐 위 삽화와 완전히 같은 사진을 게재하였다.

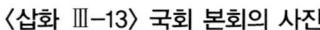

〈삽화 Ⅲ-13〉 국회 본회의 사진

아래의 〈삽화 Ⅲ-14〉과 같이 '대화와 타협'이라는 학습 주제로 학급 내 모둠 토론 장면의 두 사진을 게재하여 내용상 중복을 초래했다. 한 그림은 어른들이 토론하는 실제의 모습을 삽입했으면 게재된 삽화의 효과가 컸으리라 생각된다.

〈삽화 Ⅲ-14〉 토론하는 모습

〈삽화 Ⅲ-15〉 4 · 19혁명 사진의 경우 동일 면에 3 · 15부정선거에 대한 4 · 19혁명 내용을 하나는 사진으로 또 다른 하나는 그림으로 삽화를 넣은 것은 그림으로 이해력 증진과 사진으로 역사적 사실을 알리려는 긍정적인 측면도 있으나 같은 모양과 같은 내용 등 중복성이 강한 삽화의 한 예다.

〈삽화 Ⅲ-15〉 4 · 19혁명 삽화

〈삽화 Ⅲ-16〉 문제해결을 위한 회의 삽화 또한 위의 4 · 19혁명 삽화와 같이 하나는 사진으로 또 다른 하나는 그림으로 삽화를 넣은 것은 그림으로 이해력 증진과 사진으로 실제적 모습을 알리려는 긍정적인 측면은 배제 못하나 동일 면의 동일 내용의 삽화 그리고 삽화의 동시게재로 삽화의 효용가치가 떨어진 사례다.

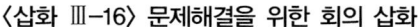

〈삽화 Ⅲ-16〉 문제해결을 위한 회의 삽화

〈삽화 Ⅲ-17〉 평등선거의 경우 25쪽 선거4대원칙 설명 중 '평등선거'에 쓰인 그림과 49쪽 국민의 기본권 설명의 '참정권내용'에 똑같은 그림삽화를 쓴 경우도 있어 서로의 다른 내용을 학습하는 데 혼돈을 주고 있다.

〈삽화 Ⅲ-17〉 동일한 그림의 중의적 사용

〈삽화 Ⅲ-18〉의 경우는 정부청사 건물 사진을 한 면에 3개를 동시에 제시한 경우로 삽화 내용 면으로 중복된 경우로 삽화의 형식과 내용이 세 번 중복해서 한 면에 게재하는 등 중복성이 심해 삽화게재

효과를 떨어뜨렸다.

〈삽화 Ⅲ-18〉 정부종합청사

〈표 Ⅲ-8〉에 있는 〈삽화 Ⅲ-19〉의 '외국 원수 접견'이란 설명을 곁들인 삽화는 한 면에 같은 인물을 게재함으로써 내용적 중복의 심각성이 컸다. 외교의 다양화 측면에서 미국이 아닌 다른 외국 원수와의 만남 사진을 실었다면 삽화의 효용가치가 떨어지지 않았을 것이다.

〈삽화 Ⅲ-19〉 외국 원수 접견

비록 똑같은 삽화는 아니지만 형식 면으로의 동일한 삽화를 게재한

경우이다. 즉 〈삽화 Ⅲ-20〉의 경우 '감사원', '청소년보호위원회', '경찰청' 등은 한 면(Page)에 동일한 형식의 홈페이지 사진을 아래 그림과 같이 실어 삽화게재의 효과를 반감시켰다.

〈삽화 Ⅲ-20〉 행정부 여러 기관 사이트 사진

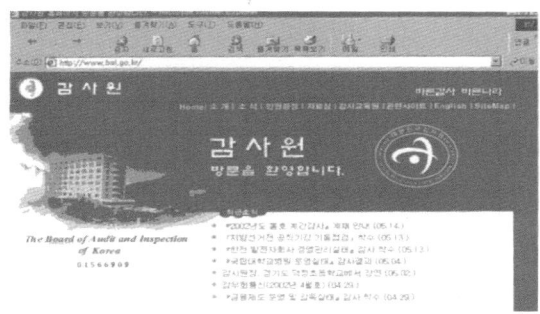

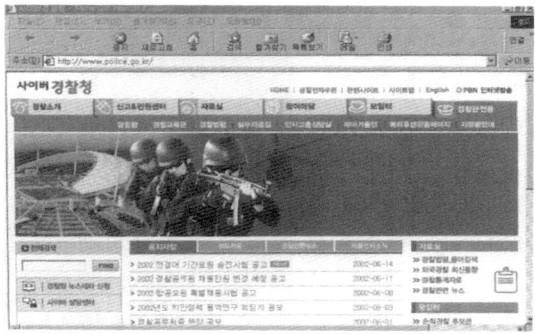

정의의 여신상의 삽화의 경우 같은 내용의 삽화를 하나는 그림으로
또 다른 하나는 사진으로 삽화를 넣은 것은 같은 모양과 같은 내용
등 중복성이 강한 삽화의 한 예다. 특히 그림삽화 자체는 교과서 왼쪽
상단에 위치해 삽화 자체가 잘려져 있는 삽화의 잘못된 삽입의 대표
적인 사례다.

〈삽화 Ⅲ-21〉 정의의 여신상 그림 및 동상사진

위 분석결과를 종합적으로 살펴보면 표현양식이 비슷한 삽화게재
및 표현양식은 다르나 같은 내용의 삽화중복, 한 면에 같은 삽화의 중
복게재 등 여러 내용의 삽화중복경향으로 분석되었다.

〈표 Ⅲ-8〉에서 중복된 삽화들은 물론 교과서 편찬 시 의도적인 중
복게재로 삽화자료나 내용이 갖는 중요성을 강조한 면도 있고 반복학
습을 통한 효과도 클 것이라 생각된다. 그러나 같은 내용이 반복되는
삽화는 삽화의 효용가치를 감소시키므로 부득이하게 삽화자료를 중복
되게 실을 경우 6학년에 맞는 내용, 즉 흥미, 경험 등을 고려하여 단
계적 방법으로 심화되게 제시하고 가능하면 새로운 것을 제시하는 것

이 좋다. 또한 사진도 다각도로 찍어서 보다 발전적인 삽화자료가 되는 것이 바람직하겠다. 그리고 이것은 학습자에게 더욱 다양한 자료를 제공하므로 학습의 질을 높이는 데 도움이 될 것이라 생각된다.

다. 삽화자료의 제시방법에 따른 분석

선정된 자료를 교과서에 어떻게 제시하느냐에 따라 삽화자료의 교육적 효과가 달라지므로 게재 방법에 대한 신중한 논의도 요구된다. 따라서 선정된 자료를 가지고 학습자의 지적 수준에 맞추어 논리적이고 체계적으로 재구성해야 한다.

본 연구에서는 1. 우리생활과 정치, 2 나라 일을 맡아하는 기관들, 3. 국민의 권리와 의무 등 3개의 중단원으로 묶어 분석하였고, 삽화에 대한 설명이 없는 삽화 설명(표제) 무(無)영역, 삽화게재 위치가 잘못된 부적격위치 영역, 본문 내용과 삽화 내용이 다른 내용불일치 영역, 바탕그림이나 주변 꾸미기용 삽화와 같이 불필요한 삽화 영역, 게재된 삽화의 의미 전달력이 적은 삽화는 의미전달부족 영역, 여러 개 인터넷 검색장면의 같은 내용의 삽화는 동일내용삽화 영역, 삽화제시 형식이 같은 예를 들면 홈페이지 형식을 빌은 표현형식이 같은 경우는 표현삽화형식 영역, 삽화 내용, 즉 삽화 내용에 문제가 있는 경우는 삽화 내용 영역으로 분류하여 분석하였는데 분석결과는 〈표 Ⅲ-9〉와 같다.

〈표 Ⅲ-9〉 삽화자료 제시 분석결과

단원명	일련 번호	삽화명(내용)	쪽	삽화제시상의 문제점	제시된 문제 영역
1. 우리 생활 과 민주 정치 (4쪽~ 21쪽)	1	캠페인(거리홍보사진)	4	삽화 설명무, 주제부정확, 비스듬히 제시	설명
	2	회의 장면 사진	6	삽화 설명무, 주제부정확, 비스듬히 제시 (caption 없음)	설명
	3	시의회 장면 사진	7	삽화 설명무, 주제부정확, 비스듬히 제시 (caption 없음)	설명
	4	의정평가단 활동 사진	16	삽화 설명무, 주제부정확, 비스듬히 제시 (caption 없음)	설명
	5	푸른 나무 숲 그림	8	공간 메우기용 그림	불필요성
	6	푸른 산과 강 사진	9	바탕 사진과 글이 겹침	위치
	7	4·19혁명 사진과 선거벽보 사진	13	사건발생 연대순으로 제시치 않음	위치
	8	시민단체의 노력 사진	17	'부정선거 다시해라' 어법상 잘못된 문장 의미전달 정확하지 않음	내용, 의미전달
2. 나라 일을 맡은 기관들 (22쪽~ 45쪽)	9	국회의사당 사진	22	삽화 설명무 비스듬히 제시	설명
	10	국회 상임위원회 모습	22	본문 주된 내용과 상이함	위치, 내용불일치
	11	국회의원 활동 모습	27	그림 → 사진, 의미전달	삽화제시형식
	12	국회의원 활동 모습	27	그림 → 사진, 의미전달	삽화제시형식
	13	정부청사 건물 사진	29	본문 내용과 상이, 사진내용 교환	내용불일치
	14	국무회의 주제 모습 사진	30	사진내용 교환	의미전달
	15	대통령이 하는 일 사진	30	현직 대통령 직무모습만 제시	삽화 내용
	16	대통령이 하는 일 사진	30	중복제시(한 면에 김대통령 부시의 만남 사진)	삽화 내용
	17	건설 교통부에서 하는 일 사진	33	본문 내용에 언급됨, 사진교환	내용불일치
	18	정부기관의 홈페이지 사진	34	형식 및 내용의 다양한 정부소개 필요	삽화 내용
	19	대법원 건물 사진	39	사진의 세심한 제시 필요	사진제시
	20	바탕사진	39	무의미한 바탕 사진	불필요성
	21	정의의 여신상 그림	40	삽화의 일부가 잘림	위치
	22	국회, 행정부, 법원에서 하는 일 사진	45	삽화 설명무	설명
3. 국민 의 권리 와 의무 (46쪽~ 65쪽)	23	아동학습 장면 사진	46	본문 내용과 상이 (본문은 정치 영역 사진 : 지리 영역)	내용불일치
	24	참정권 그림	49	25쪽 평등선거 그림과 같은 그림 제시	삽화 내용
	25	거리 배경 그림	50	공간 메우기 위한 불필요한 그림	불필요성
	26	거리 배경 그림	51	공간 메우기 위한 불필요한 그림	불필요성
	27	나무 배경 그림	54	공간 메우기 위한 불필요한 그림	불필요성
		나무 배경 그림	55	공간 메우기 위한 불필요한 그림	불필요성
	28	인터넷 검색 사진 및 그림	56	중복제시(한 면 바로 옆에 제시)	위치
	29	노숙자들이 겪는 어려움 그림	59	삽화별도 설명 필요	설명
	30	노숙자들을 위한 시민단체 활동 그림	60	삽화별도 설명 필요	설명
선택 학습	31	법원 모습	64	사진내용 불분명	의미전달 희박
정치 영역 전체 4쪽~ 65쪽)	32	인터넷검색장면 5개	15 56 59	모든 자료를 인터넷 검색에 너무 의존 하는 경향	삽화형식
	33	홈페이지 사진 5개	31 34 46	홈페이지 사진 게재 수많음	삽화형식

위 〈표 Ⅲ-9〉와 같이 분석결과 225개 삽화 중 18.2%인 41개 삽화에서 삽화자료 제시할 때 부적격한 것으로 드러났다. 이것을 제시된 문제 영역별로 구분해 보면 〈표 Ⅲ-10〉과 같다.

〈표 Ⅲ-10〉 삽화자료의 문제 영역별 구분

영역 수	삽화 설명무	부적격 위치	내용 불일치	불필요한 삽화	의미전달 부족	동일내 용삽화	삽화 형식	삽화 내용
게재 개수	8	4	4	6	3	5	7	4

〈표 Ⅲ-10〉에 제시된 기타의 경우는 제재분량, 삽화제시 형식의 문제점 등이 포함되었다. 또한 삽화중복 및 내용불일치 경우는 앞서 삽화자료의 중복분석 및 삽화와 본문과의 관련성에서 언급이 되었지만 삽화자료 제시 시 확연히 드러나는 문제점이어서 제시하였다.

분석결과 주요 내용을 살펴보면 다음과 같다.

〈삽화 Ⅲ-22〉은 회의 모습 사진인데 Caption, 즉 삽화에 대한 설명이 제시되지 않아 교사의 설명이 필요한 삽화의 대표적인 사례이다.

〈삽화 Ⅲ-22〉 설명 없는 회의모습 사진

〈삽화 Ⅲ-23〉는 4·19혁명과 1960년 대통령 및 부통령 선거벽보 사진자료인데 보편적으로 우리가 책을 보거나 읽을 때 위에서 아래로 내려가면서 읽게 되므로 "선거 벽보가 위에 게재되고 4·19혁명은 아래에 게재되었어야 했다. 그 이유는 1960년 3·15부정선거 후 4·19혁명이 발생하였으므로 사건이 일어난 연대순으로 게재하였으면 사건의 원인과 결과를 손쉽게 이해하였으리라 생각된다."

또한 '부정선거 다시 하라'라고 쓰여 제시된 그림삽화는 어법상 또는 의미상 '부정선거를 또 하자'라는 성격을 갖는다. 따라서 '부정선거 무효니 다시 하자'라고 고쳐 써야 할 문장이다.

〈삽화 Ⅲ-23〉 제시순서가 바뀐 사진 및 어법상 문제된 문장이 실린 사진

〈삽화 Ⅲ-24〉은 삽화와 본문주제와의 불일치한 경우이다. 즉 학습 주제는 "국회의원은 어떻게 선출되는지 알아보자"인데 삽화는 '국회 상임위원회 회의 모습'을 게재해 본문 내용과 삽화 내용과 불일치한 대표적인 사례이다.

〈삽화 Ⅲ-24〉 국회 상임위원회 회의모습

〈삽화 Ⅲ-25〉의 경우는 삽화의 형식 문제이다. 즉 그림으로 된 삽화 를 사진으로 바꾸어 게재하였으면 더 교육적 효과가 있으리라 생각된

다. 그 이유는 국민이 뽑은 국회의원의 활동 모습이기 때문이다. 국회
의원의 활동모습을 사실감이 드러나게 사진으로 표현하였으면 국회의
원의 하는 일의 중요성과 더불어 국회의원 선출 시 더 나은 사람을
선출해야 한다는 잠재적 교육 내용 등 일석이조의 교육효과를 가지게
할 것이다.

〈삽화 Ⅲ-25〉 다른 형식으로 게재되어야 효과적으로 보일 삽화

〈삽화 Ⅲ-26〉의 경우는 정부청사 건물 사진을 한 면에 3개를 동시
에 제시한 경우로 삽화 내용 면으로 중복된 경우도 해당되지만 본문
제재가 중주제로는 나라살림을 맡아보는 행정부, 소주제로는 "행정부
의 대표인 대통령이 하는 일을 알아보자"로 본문 내용과도 불일치하
다. 또한 중주제로 관련하여 본 사진을 게재했을 경우 청사건물 사진
에서 풍기는 권위주의적 국가(정부)보다 열심히 일하는 공무원 모습
의 사진이 훨씬 더 나았으리라 생각된다.

〈삽화 Ⅲ-26〉 본문 내용과 불일치한 삽화

　또한 정부의 어느 한 부서의 모습을 게재했었다면 삽화게재 효과가
더 컸을 것이다. 그리고 이 사진은 32쪽~33쪽 중주제 '국무총리와 각
부장관이 하는 일에 대해 알아보자'와 소주제 '행정부 각 부처에서 하
는 일'이란 학습 주제에 더 합당한 사진 삽화이므로 학습적 효과를 위
해가 옮겨 게재하는 것이 마땅하다고 생각한다.

　〈삽화 Ⅲ-27〉는 의미전달부족의 경우로 국무회의 주재 모습의 사진
이다. 이것은 교과서 본문 내용으로는 '행정부에는 대통령, 국무총리,
각 부장관, 그리고 이들로 구성되는 국무회의가 있다' 또한 '국무회의
에 참석하는 장관은 각 부처의 최고 책임자이다.'라는 내용이 실려 있
다. 그러나 게재된 국무회의 모습 사진 삽화에는 국무위원이 아닌 '통
상교섭본부장'[26]이 가장 확연히 드러나게 찍힌 사진을 게재하였다. 그
러나 국무회의 모습 사진과 글의 내용이 연결되어 게재했었다면 더
좋았으리라 생각되며 국무총리나 각 부장관들의 모습이 드러나는 사
진을 게재함이 더 마땅하리라 생각된다.

---

26) 〈삽화 Ⅲ-27〉의 명패에 '통상교섭본부장'이라고 쓰여 있음.

〈삽화 Ⅲ-27〉 의미전달이 부족한 삽화 중 국무회의 사진

〈삽화 Ⅲ-28〉는 삽화 내용에 관한 것으로 사진 3개 모두가 현직 대통령인 김대중 대통령의 활동 모습의 사진만 실어 현 정권에 대한 선전용으로 전락될 소지가 있다. 비록 사회과는 '시사성'이라는 주요한 특징을 갖고 있는 교과로서의 시각으로 볼 때는 매우 긍정적이지만 최근의 역대 대통령들의 활동 모습을 게재했으면 역대 대통령들이 누구였으며 다양한 대통령들의 활약 모습들을 알 수 있는 일석이조의 효과를 가져왔으리라 생각된다.

〈삽화 Ⅲ-28〉 현직 대통령만 소개하는 삽화들

〈삽화 Ⅲ-29〉은 같은 형식 및 내용의 중복이 심한 삽화를 게재한 경우이다. 즉 정부의 각 기관을 소개함에 있어 각 부서마다 고유한 업무를 배경 사진으로 넣었으면 더 효과가 컸으리라 생각된다. 그러나 일률적으로 홈페이지 사진을 실어 삽화게재의 효과가 반감되었다.

〈삽화 Ⅲ-29〉 행정부 여러 기관 사이트 사진

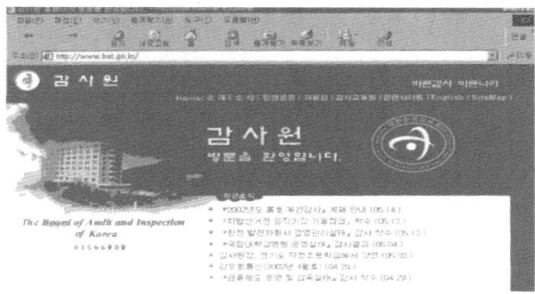

〈삽화 Ⅲ-30〉 더 세심하게 제시되어야 할 법원전경 삽화

위의 〈삽화 Ⅲ-30〉은 대법원 건물 전경을 찍은 사진을 실었는데 법의 존립 목적인 '자유, 평등, 정의'라는 건물 앞 글씨가 부각되어 대법원의 건물이 제시되었으면 대법원의 건물과 함께 법원의 궁극적인 목적, 즉 '자유, 평등, 정의'라는 법의 정신도 함께 배울 수 있는 두 배의 효과를 가져왔으리라 생각된다.

〈삽화 Ⅲ-31〉 내용의 정확성이 부족한 삽화

위 〈삽화 Ⅲ-32〉의 삽화는 서로 다른 영역에 같은 그림 삽화를 넣어 내용 면에서 정확성이 드러나지 않은 삽화의 경우다. 즉 49쪽에 제시된 그림은 국민의 기본권리 단원인 참정권에 관한 그림이고 25쪽에 제시된 그림은 선거의 종류 단원의 평등선거에 관한 사진이다. 물론 넓은 의미로는 참정권의 하나의 수단이 선거라는 수단이 있지만 교과서에서는 서로 다른 학습제재로서 학습을 돕기 위한 동일 삽화는 바람직하지 않고 학습자와 교사에게 혼란을 가중시킬 뿐만 아니라 교사의 첨부 설명이 절실한 삽화이다.

〈삽화 Ⅲ-31〉과 같이 인터넷 검색 장면 사진(15쪽, 56쪽 2개, 59쪽, 60쪽) 등이 5개 실려 있으며 또한 18번 삽화와 같은 홈페이지 사진(31쪽, 34쪽, 46쪽)[27]이 5개가 실려 있어 같은 형식 삽화의 중복성이 강하고 자료의 모든 것을 인터넷에 의존한다는 거부감마저 든다. 물론 인터넷이 '정보의 바다'라 하여 많은 자료들을 찾거나 얻어 활용할 수 있지만 다양한 방법으로 자료를 찾는 것도 사회과 학습에서 중요한 탐구과정이라 할 수 있다.

---

27) 〈삽화 Ⅲ-20〉 행정부 여러 가지 사이트 사진 참조.

〈삽화 Ⅲ-32〉 내용(인터넷 이용 조사)에 대한
삽화제시 내용이 비슷한 삽화

　마지막으로 〈삽화 Ⅲ-33〉은 정치 영역 여러 곳에 게재된 그림으로
서 아동 그림은 주로 질문 형태의 지문을 담고 있고 어른 그림은 답
변이나 보충설명의 지문이 담겨 있는 아주 간단한 그림이다. 이것은
정치 영역 단원 225개 삽화 중 무려 28.9%, 65개가 들어 있어 너무 많
은 양의 동일 양식의 삽화가 게재되어 다른 형식으로 질문과 답변 또
는 보충설명이 이루어졌으면 삽화의 효과가 증가되었으리라 본다.

〈삽화 Ⅲ-33〉 아동 질문에 답변하는 어른의
모습이 담긴 인물형 삽화

지금까지는 삽화게재에 있어 나타난 문제점을 주로 다루었지만 삽화게재에 있어 잘된 점, 즉 긍정적인 측면을 사회교과서에 게재된 삽화를 통해 살펴보면 다음과 같다.

국민이 정치에 참여하는 방법을 제시한 삽화 중에서 13쪽에서부터 20쪽까지 8쪽의 면에 국민이 정치에 참여하는 여러 방법의 사진을 게재한 것은 이것을 배우는 어린이들이 장차 자신이 정치에 참여할 좋은 방법들을 모색할 수 있는 하나의 안내의 역할을 해 주어 매우 고무적이다. 특히 아래 사진과 같이 여러 종류의 시민단체(환경문제, 문화재보존) 활동사진과 설명을 통해 자신에게 맞는 방법으로 정치에 참여할 수 있는 여러 내용들을 사진 삽화로 제시해 준 것은 긍정적인 삽화제시의 한 단면이라 할 수 있다.

〈삽화 Ⅲ-34〉 국민이 정치에 참여하는 방법 중 시민단체 활동

'나라 일을 맡아하는 기관들'[28]이란 학습제재로 이루어진 단원에서 제일 먼저 국회의사당 사진과 함께 내용상으로 제일 먼저 국회가 제시된 것은 매우 바람직한 교과 내용이라 생각된다. 즉 헌법 1조 1항에 '대한민국은 민주공화국이다.'라는 제1의 첫 조항답게 우리나라 정치형태를 극명하게 나타내 주는 좋은 예이며 또한 대단원의 주제인 '우리나라의 민주정치'와도 너무나 알맞은 내용 및 사진을 통해 가장 먼저 '나라 일을 맡아하는 기관'을 소개한다는 것은 매우 긍정적인 삽화게재 및 교과 내용이라 생각한다.

아래의 〈삽화 Ⅲ-35〉의 사진 삽화와 같이 '국회의원이 되기까지'라는 학습제재를 글로 아닌 후보자등록, 선거운동, 투표과정, 개표, 당선자발표 및 당선증 교부라는 간단한 표제와 함께 사진을 곁들여 설명함과 동시에 국회의원 당선과정을 깔끔하게 그려냄으로써 학습자의 이해력을 높인 것은 매우 긍정적인 사례로 대표적인 사진 삽화게재의 경우라 할 수 있다.

---

28) 6학년 2학기 사회교과서 22쪽 참조.

〈삽화 Ⅲ-35〉'국회의원이 되기까지' 당선과정을 깔끔하게 제시한 삽화

후보자 등록

선거 운동

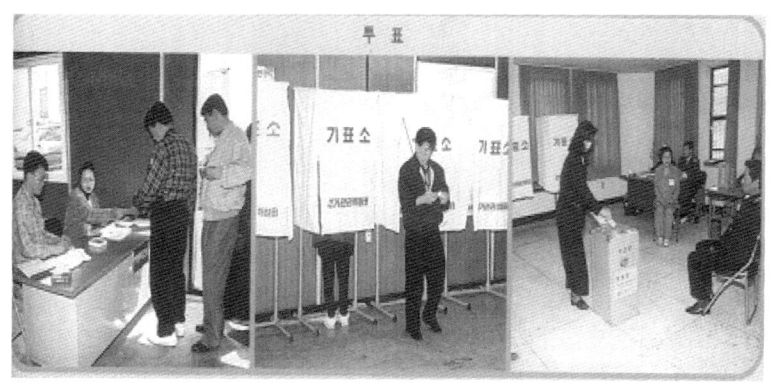
투표

개표

당선자 발표 및 당선증 교부

〈삽화 Ⅲ-36〉 국회가 하는 일을 쉽게 이해할 수 있는 삽화

또한 위의 사진 삽화와 같이 삽화 위의 삽화 배치로 삽화중복성과 난잡하고 산만한 삽화게재를 보인 배치 측면에서는 단점의 경우였지만 내용적인 측면에서는 국정감사 및 외국 군대파견(평화유지군)과

같은 일을 바탕사진인 국회의사당, 즉 국회에서 처리한다는 내용을 함께 가지고 있어 국회가 하는 일을 쉽게 이해할 수 있는 좋은 한 단면의 삽화게재라 할 수 있다.

〈삽화 Ⅲ-37〉 국민의 의무를 이해하기 쉽게 제시한 삽화

근로의 의무   납세의 의무

위의 그림과 같이 국민의 주요 의무, 즉 국방의 의무, 교육의 의무, 근로의 의무, 납세의 의무를 내용전달과 표현력 확실한 사진 삽화로 학습 내용을 전달함으로써 학습자의 이해가 쉽도록 삽화를 적절하게 게재한 것은 삽화게재의 가장 중요한 일이라 생각된다.

이와 같이 삽화는 본문 게재 및 본문 내용을 쉽게 이해시킨다던가, 글보다 더 이해하기 쉽게 사진 또는 그림을 통한 삽화를 적절하게 게재함으로써 학습이해력 제고와 사회교과학습에 흥미를 느끼게 하는 것이야말로 삽화게재의 가장 큰 이유라 할 수 있겠다.

분석결과와 같이 삽화자료를 선정하는 것은 이처럼 대단히 중요하며 이때에는 학습자의 발달단계 고려, 자료 자체의 정확성과 창의성이 있으며 교과 내용의 전달이 명확히 이루어질 수 있는 것으로 신중히 선택해야 한다. 앞에서도 언급되었듯이 이처럼 신중히 선택된 자료는 최대한의 학습효과를 기대할 수 있는 방법으로 게재되어야 한다. 삽화자료의 게재는 본문 내용의 요구에 맞으며, 학습자의 지적 수준, 교과 내용의 전개 수준에 따라 조직되어 게재되어야 한다. 아무리 훌륭한 삽화자료라 할지라도, 교과 내용에 맞지 않고 학습자의 능력수준에 맞지 않으면 학습효과를 기대하기란 어려운 것이다. 삽화가 본문과의 균형이 고려되어야겠으며 교과 내용과 연관지어 일관성 있게 배치해야 한다.

또한 삽화 내용을 간단하게 설명해 주는 해설문(caption)의 제시도 삽화의 교육적 효과를 높이는 데 중요하다. 즉 간단한 설명을 제시해 줌으로써 삽화의 내용이해를 돕고 삽화가 단순한 시각적 보조자료에서 학습목표 도달에 중요한 기능을 수행할 수 있도록 큰 도움을 주는 또 하나의 자료가 된다.

이상에서 살펴본 바와 같이 삽화는 선정 및 게재에 있어서도 학습의 확인, 적용, 발전에 도움이 되도록 학생의 발달단계 및 본문의 내용과의 연계성, 학습목적 등을 고려하여 체계적으로 선정·게재되어야 한다.

3. 삽화자료에 대한 현장 교사의 의견

가. 학교 설문지 배포 및 회수

1) 설문지 제작의도

제7차 교육과정의 단일본인 초등학교 사회 6학년 교과서 정치 영역을 대상으로 교과서 삽화자료를 분석하였으며 분석방법은 문헌자료 조사 및 삽화자료의 분량분석과 내용분석을 토대로, 각 자료를 삽화의 분량분석 및 삽화의 내용분석에 관한 이 설문지는 일선교사 6학년 담임교사들을 상대로 설문지를 작성하였다.

설문제작 동기는 삽화의 분량분석 및 내용분석 등 실제 교과서 분석결과와 직접 사회과 교과서 일선현장교사들의 설문답변을 종합하여 초등학교 6학년 사회과 교과서 정치 영역 부분 삽화를 보고 가르치는 자료를 분석하여 기초자료로 활용하고자 본 설문지29)를 제작하였다.

---

29) 부록 2. 6학년 2학기 1단원 정치 영역 분량분석 및 내용분석에 관한 설문지.

2) 설문절차

〈표 Ⅲ-11〉 연구의 절차

연구활동	일 정	기 간
평가도구 제작	2002. 9. 23 ~ 9. 28	6일
평가자 선정	2002. 9. 29 ~ 10. 6	8일
평가 실시	2002. 10. 8 ~ 10. 24	17일

본 연구자가 평가자들에게 본 연구의 목적 그리고 평가의 항목과 방법을 설명한 후 평가자들에게 6학년 2학기 사회과 교과서 정치 영역에 게재된 삽화에 대한 설문을 실시하였다.

3) 설문지 배포 및 회수현황

학교별 설문지 연구절차는 〈표 Ⅲ-11〉과 배포 및 회수현황은 〈표 Ⅲ-12〉와 같다

〈표 Ⅲ-12〉 학교별 설문지 배포 및 회수 현황

현황 \ 학교	6학년 소속교사	표집 교사 수	설문지 배포 수	설문지 회수 수	회수율 (%)
숭의초	7	7	7	7	100
주안남초	8	8	8	8	100
주안북초	5	5	5	5	100
용현초	10	10	10	10	100
용현남초	7	7	7	7	100
인주초	7	7	7	7	100
계	44	44	44	44	100

위 〈표 Ⅲ-12〉와 같이 인천광역시 남부교육청관 내 45개 학교 중 본교(주안북초)를 중심으로 주변의 가까운 거리의 학교 6곳을 선정하여 직접 찾아가 설문조사를 실시했다. 각 학교 목요일, 금요일에 열리는 동 학년 협의시간을 빌어 직접 설문지를 배포 후 조사·회수하여 100%의 회수율을 보일 수가 있었다.

4) 설문자료 처리방법

통계는 질문지에 표기한 각 항목별 응답에 대하여 백분율로 나타내었다.

나. 조사결과분석

1) 삽화자료 분량에 대한 현장교사의 의견

삽화분석 7문항에 대한 설문결과는 〈표 Ⅲ-13〉과 같다.

〈표 Ⅲ-13〉 분량분석에 대한 현장교사들의 의견

부문	번호	설문내용	분석 분야	설문분석				
분량분석	1	타 교과(국어, 수학, 과학)에 비해 삽화게재 비율이 적절하다고 생각하십니까?	구분	① 매우 그렇다	② 그렇다	③ 보통이다	④ 그렇지 않다	⑤ 전혀 그렇지 않다.
			응답 인원수	0	2	10	28	4
			백분율(%)	0	4.65	22.7	63.6	9.1
	1-1	위의 1번 문항설문에 ④번 ⑤번의 부정적인 답변에 표시하신 이유는 무엇입니까?	구분	① 타 교과에 비해 삽화게재 비율이 높다		② 타 교과에 비해 삽화게재 비율이 적다		
			응답 인원수	32		0		
			백분율(%)	100		0		

위 〈표 Ⅲ-13〉과 같이 분량분석에 대한 현장교사들의 의견을 살펴보면 분량분석에 관한 설문 내용 중 1번 문항 타 교과서와의 게재 빈도수를 비교한 결과 '그렇지 않다'와 '전혀 그렇지 않다'의 부정적인 답변이 32명인 72.7%로 나타나 교사들이 사회과 게재 빈도의 적절성에 부정적인 응답을 하였고, 그 이유의 설문인 1-1번 문항의 적절하지 않은 이유와 연계된 질문에서는 타 교과보다 삽화의 게재 비율이 높았다고 32명 전원이 응답해 사회교과서 삽화게재 빈도는 다른 주지교과보다 많은 것으로 집계되었다.

〈표 Ⅲ-14〉 유형분석에 대한 현장교사들의 의견

부문	번호	설문내용	분석 분야	설문분석				
유형분석	2	삽화의 유형별(사진, 만화, 도표, 그림, 도해) 게재 빈도가 적절하다고 생각하십니까?	구분	① 매우 그렇다	② 그렇다	③ 보통이다	④ 그렇지 않다	⑤ 전혀 그렇지 않다.
			응답 인원수	0	1	9	27	7
			백분율(%)	0	2.3	20.4	61.4	15.9
	2-1	위의 3번 문항 설문에 ④번 ⑤번의 부정적인 답변에 표시하신 이유는 무엇입니까?	구분	① 사진 삽화가 많다.	② 만화 삽화가 많다.	③ 도표 삽화가 많다.	④ 그림 삽화가 많다.	⑤ 도해 삽화가 많다.
			응답 인원수	26	0	0	8	0
			백분율(%)	76.5	0	0	23.5	0

둘째, 유형분석에 관한 설문 내용 중 2번 문항 삽화의 유형별(사진, 만화, 도표, 그림, 도해) 게재 빈도의 적절성 질문에 약 77.3%인 34명의 교사가 '적절치 못했다.'는 부정적인 반응을 보였으며, 이와 연관된 2-2번 답변에서는 2번 문항의 부정적인 답변을 한 34명의 교사 중

76.5%의 26명의 교사가 '사진게재 빈도수가 많았다'고, 23.5%인 8명의 교사는 '그림, 삽화게재 빈도수가 많았다'고 응답했다. 같은 교과서로 본 연구자와 서로 다른 설문결과가 나온 이유는 언뜻 교과서를 훑어보아서는 사진이 크기에 비례해서 더 많은 게재율을 보이지만, 한 쪽(page)씩 자세히 들여다보면 그림, 삽화가 더 많음을 볼 수 있다. 이런 견해 차이에서 서로 다른 답변이 나왔으리라 생각된다.

<표 Ⅲ-15> 내용분석에 대한 현장교사들의 의견

부문	번호	설문내용	분석 분야	설문분석				
내용분석	3	평소 정치 영역 부문(1단원) 교재연구나 수업 시 삽화 내용이 일치하지 않은 것을 발견하셨다면 어느 정도 빈도수라고 느끼셨습니까?	구분	① 0개	② 1~5개	③ 6~10개	④ 10개 이상	
			응답 인원수	0	30	10	4	
			백분율(%)	0	68.2	22.7	9.1	
	4	평소 정치 영역 부문(1단원) 교재연구나 수업 시 또는 표현형식(같은 주제일 경우)이 중복되었다고 느끼셨다면 어느 정도 빈도수라고 생각하셨습니까?	구분	① 0개	② 1~5개	③ 6~10개	④ 11~15개	⑤ 16개 이상
			응답 인원수	0	24	13	6	1
			백분율(%)	0	54.5	29.6	13.6	2.3
	5	6학년 2학기 1단원 정치 영역 단원 내 삽화의 제시에 있어 가장 두드러진 큰 문제점을 보기에서 한 가지만 선택해 주시기 바랍니다.	구분	표 맨 아래 ※ 참조				
			응답 인원수	1	29	5	8	0	1
			백분율(%)	2.3	65.9	11.4	18.2	0	2.3
※		① 본문 내용과 삽화 내용불일치	② 삽화의 산만한 배치	③ 불필요한 삽화게재	④ 삽화 설명 부족	⑤ 없다	⑥ 기타	

2) 설문지 결과분석

셋째, 삽화의 내용분석에 관한 설문 중 3번 문항의 삽화 내용과 본문 내용과의 관련성 여부는 1개에서 5개 정도의 삽화가 본문과 관련성이 없다고 응답한 68.2%인 30명의 응답을 비롯하여 설문자 44명 모두가 한 개에서 열 개 이상까지의 여러 각도에서 관련성이 적었다고 답변을 해 삽화와 본문과의 연계성이 합리적이지 못했다는 결과를 도출하였다. 이로 인해 좀더 본문과 삽화 간의 내용의 연관성에 심도 있는 논의를 통해 올바른 삽화게재가 필요하다.

4번 문항의 삽화중복 여부 설문에서도 1개에서 5개 정도의 삽화가 중복되었다고 응답한 54.5%인 24명을 비롯한 설문응답자 모두가 삽화의 중복성에 답변을 해 삽화중복에 대한 심각성을 나타냈다. 아동의 발달 과업에 맞게 삽화를 여러 각도에서 선택 게재하는 등 삽화 선택에 신중을 기하여야 하겠다.

5번 문항 설문내용은 6학년 2학기 1단원 정치 영역, 즉 '우리나라 민주정치' 단원 내 삽화게재에 대해 가장 큰 문제점을 고르라는 설문결과는 '삽화의 산만한 배치 〉 삽화의 설명부족 〉 불필요한 삽화게재 〉 본문 내용과 삽화 내용과의 불일치 〉 기타' 순으로 각각 29명(65.9%), 8명(18.2%), 5명(11.4%), 1명(2.3%), 또 다른 1명(2.3%)으로 문제점을 지적했으며 1명의 기타는 삽화의 개수가 너무 많다고 지적했다.

이와 같이 가장 심각한 문제점은 '삽화의 산만한 배치'로 교과서 구성은 물론 학습 자체에도 악영향을 준다. 따라서 정리·정돈된 느낌의 삽화를 게재해 안정감 있는 사회과 교과서 구축이 필요하다.

위의 결과같이 6학년 2학기 정치 영역에 관한 연구자의 삽화분석에 대해 설문결과를 통하여 얻어진 일선학교 6학년 교사들의 의견을 분석한 결과 본 연구자와 거의 같은 내용의 조사결과를 가져왔다.

이 설문조사를 6개 학교 6학년 44명 교사에게 질문을 의뢰했을 때, 연구자의 생각보다 사회교과목에 대한 관심이 많았다. 특히 6학년 2학기 정치 영역인 1단원 '우리나라의 민주정치' 단원은 2학기 9월 1일부터 학습하는 단원으로 설문의뢰 직전(直前)에 진도를 끝낸 경우이기 때문에 선생님들의 설문응답 절차가 빠른 시간 내에 끝낼 수 있어 설문과정이 용이하였다.

다. 본 연구자의 삽화분석과 설문조사의 분석 비교

본 연구자에 의한 삽화 분량분석 및 내용분석과 설문조사에 의한 삽화분량분석 및 내용분석 비교는 〈표 Ⅲ-16〉과 같다.

〈표 Ⅲ-16〉 분량분석에 대한 본 연구의 결과와 설문결과의 비교

부문	분석방법 분석영역	본 연구자의 분석결과 (한 쪽당 크기: 467.74㎠)	설문조사 분석결과
분량분석	1. 타 교과와 삽화게재 빈도수 비교	국어: 94.36㎠ 수학: 112.08㎠ 과학: 271.35㎠ 사회: 179.48㎠ 사회교과의 삽화게재 빈도수가 월등히 높았다.	① 매우 그렇다(0). ② 그렇다(2) ③ 보통이다(10). ④ 그렇지 않다(28) ⑤ 전혀 그렇지 않다(4). 등 타 교과에 비해 사회과목이 같은 주지과목임에도 불구하고 삽화게재 빈도수가 높았다.
	2. 부정적인 답변에 표시한 이유	타 교과에 비해 삽화게재 비율이 상당히 높다(위의 분석 참고)	위 조사 내용 중 부정적인 답변의 32명 모두가 그 이유를 '타 교과에 비해 사회교과의 삽화게재 수가 높았다'라고 답변함

타 교과(국어, 수학, 과학)의 삽화게재 빈도수를 사회교과와 비교를

하면 삽화게재 빈도가 적게는 4배에서 많게는 18배까지의 차이를 보이며 삽화의 게재 빈도수가 많았다. 설문조사결과도 타 교과에 비해 주지과목임에도 불구하고 삽화게재 빈도수가 높게 조사되었다.

또한 삽화 수의 적절성의 면에서는 본 연구자와 마찬가지로 '적절하지 못하거나 매우 적절하지 못하다'는 부정적인 답변이 32명인 72.7%로 나타나 교사들이 사회과 게재 빈도의 적절성에 부정적인 응답을 하였고, 그 이유의 설문인 1-1번 문항의 적절하지 않은 이유와 연계된 질문에서는 타 교과보다 삽화의 게재 비율이 높았다고 32명 전원이 응답해 사회교과서 삽화게재 빈도는 다른 주지교과보다 많은 것으로 집계되었다.

〈표 Ⅲ-17〉 유형분석에 대한 본 연구의 결과와 설문결과의 비교

부문 분석영역 \ 분석방법	본 연구자의 분석결과	설문조사 분석결과
유형분석	2. 삽화유형(사진, 만화, 도표, 그림, 도해)별 게재 빈도의 적절성과 이유	적절치 못하며 이유는 사진(83), 만화(7), 도표(1), 도해(3), 그림(131), 등 그림이 월등히 많은데 그 이유는 65개의 말주머니 삽화 때문이다.	사진 삽화(26), 그림삽화(8)로 사진 삽화의 게재 빈도수가 높다.

삽화 유형별 게재 빈도 및 적절성에 대한 내용에서는 본 연구자에 의하면 그림삽화〉사진 삽화〉만화〉도해〉도표 순으로 게재 빈도수가 나왔으나 설문조사에서는 사진 삽화〉그림삽화 순으로 게재 빈도수가 나왔다. 이와 같이 조사결과가 다른 이유는 본 연구자의 경우는 교과서 내의 모든 삽화, 즉 "질문이나 보충설명 등을 하는 어린이와 어른의 얼굴이 나오는 조그만 그림"까지도 삽화로 넣은 반면 설문지 응답자들

의 조사결과는 언뜻 보기에 눈에 띠는 사진을 주축으로 삽화게재 빈도
수를 정했기 때문이다. 즉 이것은 비록 삽화의 크기는 작지만 65개의
게재 빈도수를 나타내는 "질문하는 어린이와 보충설명하는 어른"의 작
은 그림이 얼른 눈에 띄지 않고 관찰자의 관점에 따라서는 삽화로 여
기지 않을 수도 있기 때문으로 생각된다. 또한 사진은 다른 삽화에 비
해 크기가 크고, 확실하고 정확한 정보전달 및 사실적인 내용들의 삽
화로 구성되어 있어 사진의 게재 수는 그림 삽화보다 게재 빈도가 적
었어도 명시성의 효과로 인해 더 많이 게재된 것으로 볼 수도 있다.

따라서 본 연구자와 설문조사자의 그림 및 사진의 게재 빈도수가
다르게 산출되었으리라 추측된다.

〈표 Ⅲ-18〉과 같이 연구자의 삽화분석내용과 설문지를 통한 일선
교사들의 삽화분석내용은 대부분이 일치하는 것으로 나타났다.

내용분석에 따른 설문 내용과의 일치성에 대한 조사에서는 96.4% 삽
화가 본문 내용과 일치하고 8개의 삽화가 본문 또는 학습 주제 또는 학
습제재와 내용이 일치하지 않음으로 나타났으나 설문의 결과는 44명 전
체가 1~5개를 비롯하여 10개 이상까지 삽화와 본문 내용이 일치하지
않는다는 설문결과가 나왔다. 비록 설문 응답자에 따라 주관적인 생각이
많이 들어간 내용의 응답일지라도 삽화와 본문과의 내용 일치도 설문결
과에서 응답자 전체가 '불일치성'으로 응답이 나온 것은 교과서·본문
내용과 삽화 간의 비관련성 관계의 심각성을 드러낸 것이라 할 수 있다.

삽화의 중복성 조사에서 본 연구자의 경우 14.7%인 33개의 삽화가
14개의 삽화제재(영역)로 삽화의 내용 면 또는 삽화의 게재 형식(양
식) 면에서 삽화의 중복성이 조사되었다. 설문결과는 44명 전체가 삽
화중복성을 지적하였고 삽화중복 또한 삽화와 본문과의 내용불일치도
와 같이 그 심각성이 컸다.

〈표 Ⅲ-18〉 내용분석에 대한 본 연구의 결과와 설문결과의 비교

부문	분석방법 / 분석영역	본 연구자의 분석결과	설문조사 분석결과
내 용 분 석	삽화와 본문 내용과의 일치성	96.4%의 삽화가 본문 내용과 일치하나 국회상임위원회 회의모습 건설교통부에서 하는 일 (고속도로 사진) 푸른하늘의 구름이 뜬 그림 사회과 부도 펴고 공부하는 장면 거리를 나타낸 삽화 및 나무 그림(바탕그림) 등 8개(3.6%)가의 삽화가 비일치함	1~5개(30명). 6~10개(10명). 10개 이상(4명) 등 1~5개 사이의 68.2%인 30명을 비롯해 10개 이상에 이르기까지 모든 답변자가 불일치의 답변을 함.
	삽화의 중복성	85.3%의 삽화가 정상적이나 국회의사당 건물삽화를 비롯하여 국회 본회의 전경. 학급 내 모둠 토론장면 3·15부정선거무효거리데모 문제해결을 위한 회의모습 투표하는 모습 정부종합청사 외국 원수 접견 행정부기관. 정의의 여신상 공간 메우기 위한 바탕그림 나무를 소재로 한 바탕그림 인터넷 이용 조사하는 장면 T.V를 통한 정치참여내용삽화 등 14.7%인 33개의 삽화가 14개의 삽화제재(영역)로 모양. 내용. 형식 등의 형태로 중복된 삽화를 볼 수가 있었다.	1~5개(24명). 6~10개(13명). 10개 이상(7명) 등 1~5개 사이의 54.52%인 24명을 비롯해 모든 답변자가 삽화의 중복성을 지적함.
	삽화게재에 있어 가장 큰 문제점	18.2%인 41개 삽화에서 삽화자료 제시할 때 부적격한 것으로 드러났다. 이것을 제시된 8개 문제 영역별로 구분해 보면 삽화 설명무: 8. 부적격위치: 4 내용불일치: 4 불필요한 삽화: 6 의미전달희박: 3 동일내용삽화: 5 삽화형식: 7. 삽화 내용: 4개 등, 삽화의 설명무. 삽화형식 순 등으로 지적됨	삽화의 산만한 배치(29명) > 삽화 설명부족(8명) > 불필요한 삽화게재(5) > 삽화와 본문 내용과의 불일치(1명). 기타(1명) 순으로 조사됨

  마지막으로 삽화게재에 있어 가장 큰 문제점 조사로는 본 연구자의 경우 삽화제시 시 부적격 삽화로 제시된 것 중에서 삽화의 설명무(無), 삽화형식의 문제, 불필요한 삽화, 동일내용삽화, 삽화 내용, 내용 불일치, 부적격위치, 의미전달 희박 순으로 나왔으며 설문응답자 또한 삽화의 산만한 배치 및 삽화의 설명부족, 불필요한 삽화 순으로 응답이 되어 사회과 교과서 내의 일정한 규칙 내에서의 삽화 배치 및 삽화에 대한 표제(caption), 즉 간단한 설명이라도 첨부하는 등 삽화게재의 충실도를 보여 삽화가 공간 차지용이 아닌 삽화 자체로서 학습에 도움이 되었으면 한다.

  본 연구자와 설문조사를 통한 삽화의 분량분석 및 내용분석의 결과를 종합하면 타 교과(국어, 수학, 과학)에 비해 삽화게재 빈도수가 월등히 높으며 삽화 유형은 그림 삽화 및 사진 삽화가 많으며 삽화와 본문과의 일치도는 매우 높으나 보는 이에 따라 서로 다르며 또한 교과서를 가르치는 교사 모두가 삽화 내용과 본문 내용이 불일치하는 점에 표시한 것과 삽화중복성 또한 설문에 답한 교사의 100%가 지적한 것은 사회교과서의 문제점으로 지적되었다.

  그리고 삽화게재에 있어 큰 문제점으로는 삽화의 산만한 배치 및 삽화를 설명하는 표제(caption) 등이 기재되어 있지 않은 것이 가장 큰 문제점으로 지적되어 시급히 시정해야 할 대상으로 손꼽았다.

Ⅳ. 결 론

　교육부30) 에서는 1997년 12월 30일 교육부고 시 제15호에 초등학교 교육과정을 개정하여 공포하였다.

　6차 교육과정의 미비점을 보완하여 개발한 7차 교육과정은 교과용 도서의 개편과 교원연수 기간을 고려하여 초등학교 1·2학년은 2000 학년도부터, 3·4학년은 2001학년도부터 5·6학년은 2002학년도인 올 해부터 적용하였다.

　따라서 7차 교육과정 실시와 함께 개정된 현행 초등학교 사회교과 서 6학년 2학기 1단원 ‘우리나라의 민주정치’의 정치 영역을 중심으로 그 속에 수록된 삽화자료를 조사·분석하여 그 게재경향 및 적절성을 파악하고 문제점이 발견되면 그 개선방향을 모색하여 현재 준비과정 에 있는 8차 교육과정에 따른 교과서 개정에 새로운 시사점과 방향을 제시하려는 것이 본 연구의 목적이었다.

---

30) 2001년 1월 29일 “교육인적자원부”로 개명.

1. 요 약

이와 같이 연구 목적을 달성하기 위하여 현행 초등학교 사회과 교육과정과 삽화에 대한 교육이론을 토대로 교과서에 수록된 삽화를 분석하였으며 이제까지의 분석내용을 정리·요약하면 다음과 같다.

1) 삽화자료의 분량분석결과는 다음과 같다

① 주된 분석자료인 6학년 2학기 사회교과서 1단원과 동일선상의 범위로 타 교과인 국어, 수학, 과학교과서 각 1단원의 비교분석을 통한 삽화의 분량분석결과를 보면 게재된 면(page)당 평균 게재 크기는 과학(271.35㎠), 사회(179.48㎠), 수학(112.08㎠), 국어(94.36㎠) 순으로 게재되었다.

② 면(page)당 평균 게재 비율을 분석한 결과 과학(58.02%), 사회(38.32%), 수학(23.96%), 국어(20.18%) 순으로 게재되었다.

위 두 가지 분석결과로 알 수 있는 사실은 탐구학습을 필요로 하며, 탐구과정 시 비교적 활동성이 강한 교과목의 교과서들인 사회 및 과학교과서 내의 삽화게재 빈도수가 높아 학습에서 탐구 자료로서의 삽화자료의 의존도가 매우 높음을 알 수 있다.

③ 유형별 분석에서는 사회, 국어, 수학과 교과서는 그림삽화게재 빈도수가 높고 과학은 사진 삽화게재 빈도가 높았다. 교과의 특성에 따라 국어는 독해력 증진, 수학은 문제해결력 증진, 과학은 실험방법 및 절차, 그리고 사회는 사회적 사실 및 현상에 중점을 두어 삽화를 게재하였다. 특히 과학은 과학적 지식을 직접 볼 수 있도록, 사회는 사회사실과 현상을 바로 볼 수 있도록 사진게재 비율이 다른 교과보다 높았다.

이러한 장점이 있는데도 불구하고 삽화분량에 있어 보완해야 할 점을 이야기하면 모든 단원에서 매시간 직접 실험을 통해 학습을 해야 하는 특별한 경우의 과학교과를 제외한 국어·수학교과에 비해 사회교과의 삽화 총 게재 수나 쪽(Page)당 삽화의 평균 게재 수가 월등하게 많았다. 이것은 정치지식 등을 단순하고 직접적으로 알 수 있는 측면에서는 긍정적일 수 있다. 그러나 정치의식의 발달 단계를 고려하여 6학년 2학기 교육과정에 정치 영역을 넣은 것은 6학년 학습자가 논리적 사고 조작과 가정을 추리할 수 있는 능력이 가능한 시기이기 때문이다. 또한 상징적인 용어 및 추상적인 용어를 사용 또는 사고하는 능력이 발달하여 여러 가지 상황을 정립시킬 수 있는 시기이기도 하다. 따라서 초보적이기는 하나 체계적 정치학습이 가능한 6학년에서는 여러 심화를 통해 단순하고 직접적인 정치의 여러 지식을 알게 하는 것보다는 의미 없는 배경삽화, 표제 없는 삽화, 중복성이 강한 삽화, 말주머니가 있는 삽화 등을 줄이거나 삭제하여 삽화의 효율성 제고가 요청된다. 또한 삽화의 총 개수 및 쪽(page)당 평균 삽화 수를 줄일 필요가 있다고 판단된다. 즉 본문(문장)과 삽화의 비율에서 본문(문장)이 차지하는 비율이 상대적으로 낮은 것으로 평가된다. 따라서 6학년 아동의 인지적 특성 등을 감안해 볼 때 그 학년수준에 맞는 정교한 문장(文章)을 대체 또는 삽입하여 정치 영역의 여러 내용과 지식을 이해케 하는 것이 교과 내용 구성의 올바른 방향이라 생각된다.

2) 삽화자료의 내용분석결과는 아래와 같다

① 삽화와 본문과의 관련성은 96.4%(217/225)의 217개 삽화 내용이 본문 내용과 일치하여 삽화의 올바른 게재 성향을 보였다.

② 하지만 삽화와 본문과의 관련성이 적은 3.6%(8/225)의 8개 삽화 중에는 삽화 내용이 본문 내용과 전혀 다른 삽화의 게재로 그 심각성이 컸다.

③ 삽화자료의 중복경향 분석결과는 14.7%(33/225)인 33개 삽화가 삽화제시 형태와 삽화의 내용까지도 동일한 경향을 띠었으며 동일한 삽화를 서로 다른 학습제재(내용)의 삽화에 게재하는 등 그 내용의 심각성은 매우 컸다.

④ 삽화자료 제시방법에서의 분석결과는 18.2%인 41개 삽화에서 삽화자료 제시할 때 부적격한 것으로 드러났다. 이것을 제시된 문제 영역별로 구분해 보면 18.2%(41/225)인 41개의 삽화 중 삽화 내용 설명무(無)(8개), 삽화형식(7개), 불필요한 삽화(6개), 동일 내용 삽화(5개), 부적절한 배치(4개), 내용불일치(4개), 삽화 내용(4개), 의미전달 부족(3개) 순으로 삽화제시에 있어 문제점이 많이 드러났다

이와 같이 삽화의 내용분석 면에서도 여러 가지 문제점이 드러났다. 따라서 삽화의 내용적인 측면의 문제점을 보완하면 다음과 같다.

먼저 중복된 삽화 부문에서는 교과서 편찬 시 의도적인 중복으로 내용을 강조한 면도 없지 않으나, 같은 내용의 같은 삽화를 반복하여 삽화의 효용가치를 감소시키고 있으므로 삽화의 중복게재는 가급적으로 피하여 게재하도록 해야 한다. 하지만 부득이하게 실어야 할 경우 6학년에 맞는 내용, 즉 흥미, 경험 등을 고려하여 단계적 방법으로 심화되게 제시하고 가능하면 새로운 것을 제시하는 것이 좋다. 또한 같은 내용의 삽화라도 다각도(多角度) 측면에서 사진을 게재해 보다 발전적인 삽화자료가 되는 것이 바람직하다.

삽화와 본문과의 관련성 여부에서는 비록 적은 양의 삽화가 본문과

의 관련성이 불일치하지만 '국회의원이 되는 방법'이라는 학습제재에 상임위원회 사진이 게재되는 등 또한 심각성이 컸다. 따라서 초등학교 최고 학년인 6학년 교과서라는 점에서 교과서 본문 내용과 관련되어 제시된 삽화가 더 심도 있고 내용 있는 삽화를 게재함으로써 본문 내용에 충실한 삽화가 게재돼 수업 시 알찬 이해 자료가 되도록 잘못 제시된 삽화를 교환하는 것이 마땅하다.

⑥ 삽화자료 제시에 있어 긍정적인 측면은 '국회의원 당선과정' 및 '국민의 주요 의무' 등 정확하고 실제적인 사진 삽화 등으로 학습 내용을 전달함으로써 학습자의 이해가 쉽도록 삽화를 적절하게 제시한 것은 삽화자료 제시의 표준(標準)으로 매우 고무적인 삽화자료 제시의 일면이라 하겠다.

3) 설문조사의 결과는 아래와 같다

① 분량분석, 유형분석, 내용분석 등 크게 세 부분으로 나누어 현직 6학년 담임교사를 대상으로 설문한 결과 아래와 같은 설문결과를 보였다.

② 분량분석에서 타 교과서와의 게재 빈도수를 비교한 결과 '그렇지 않다'와 '전혀 그렇지 않다'의 부정적인 답변이 32명인 72.7%(32/44)로 나타나 교사들이 사회과 게재 빈도의 적절성에 부정적인 응답을 하였고, 적절하지 않은 이유와 연계된 질문에서는 타 교과보다 삽화의 게재 비율이 높았다고 32명(100%) 전원이 응답해 사회교과서 삽화게재 빈도는 다른 주지교과보다 많은 것으로 집계되었다.

③ 유형분석에서는 삽화 내용과 본문 내용과의 관련성 여부는 1개에서 5개 정도의 삽화가 본문과 관련성이 없다고 응답한 68.2%인 30

명의 응답을 비롯하여 설문자 44명 모두가 한 개에서 열 개 이상까지의 여러 각도에서 관련성이 적었다고 답변을 해 삽화와 본문과의 연계성이 합리적이지 못했다는 결과를 도출하였다. 이로 인해 좀더 본문과 삽화 간의 내용의 연관성에 심도 있는 논의를 통해 올바른 삽화게재가 필요하다.

④ 삽화중복 여부 설문에서도 1개에서 5개 정도의 삽화가 중복되었다고 응답한 54.5%인 24명을 비롯한 설문응답자 모두가 삽화의 중복성에 답변을 해 삽화중복에 대한 심각성을 나타냈다.

삽화게재에 대해 가장 큰 문제점을 고르라는 설문결과는 '삽화의 산만한 배치〉삽화의 설명부족〉불필요한 삽화게재〉본문 내용과 삽화 내용과의 불일치〉기타' 순으로 각각 29명(65.9%), 8명(18.2%), 5명(11.4%), 1명(2.3%), 또 다른 1명(2.3%)으로 문제점을 지적했으며 1명의 기타는 삽화의 개수가 너무 많다고 지적했다.

4) 본 연구자의 분석과 설문조사의 비교는 아래와 같다

① 분량분석, 유형분석, 내용분석 등 크게 세 부분으로 나누어 현직 6학년 담임교사를 대상으로 설문한 결과 본 연구자의 조사결과와 같거나 비슷한 설문결과를 보였다.

② 분량분석에서는 같은 주지교과임에도 불구하고 타 주지교과보다 삽화의 게재 수가 적절치 못하다는 의견과 함께 삽화의 게재 빈도수가 타 교과에 비해 많았다고 지적을 했다.

③ 삽화 유형별 게재 빈도 및 적절성에 대한 내용에서는 본 연구자에 의하면 그림삽화〉사진 삽화〉만화〉도해〉도표 순으로 게재 빈도수가 나왔으나 설문조사에서는 사진 삽화〉그림삽화 순으로 게재 빈

도수가 나왔다. 이는 사진은 다른 삽화에 비해 크기가 크고 명시성의 효과로 인해 더 많이 게재된 것으로 볼 수도 있으리라 생각된다.

④ 내용분석 중 삽화와 본문 내용과의 불일치 삽화의 빈도수에서는 본 연구자는 8개, 그리고 30명이 1-5개를 비롯하여 44명 전체가 삽화와 본문 내용과의 불일치를 지적하였다.

⑤ 설문결과는 33개의 중복삽화와 삽화중복에 대해 24명이 1개~5개를 비롯하여 44명 전체가 삽화의 중복성을 지적하여 그 심각성이 컸다.

⑥ 삽화게재에 있어 삽화의 설명무(無)와 삽화의 산만한 배치 등 본 연구자 그리고 설문결과 등에서 각각 가장 큰 문제점으로 지적되었다.

2. 결 론

이론적 고찰, 교과서에 게재된 삽화에 대한 양적 및 질적 비교분석, 그리고 현장 교사들을 대상으로 하는 설문조사 등을 통하여 얻어진 본 연구의 결론은 다음과 같다.

첫째, 사회교과서 내의 쪽당 삽화게재 크기 및 삽화게재 비율 등에 대한 분량분석한 결과, 사회과 정치교육 관련 학습에 있어서 탐구 자료로서 삽화에 대한 의존도가 지나치게 높은 것으로 평가되었다. 비록 교과서 내의 삽화가 영상 세대인 요즘 학생들의 지적(知的) 호기심을 쉽게 자극하는 탐구 자료라는 측면에서는 긍정적인 면이 있다고 하더라도, 추상적인 사고가 가능한 형식적 조작기에 해당하는 6학년 학습자의 발달 단계, 특히 그들의 인지적 특성수준을 감안해 볼 때, 삽화 게재 비율이 너무 높다는 것이다. 또한 정치 영역의 교과 내용은 정치 이념·정치제도·정치적 태도·정치적 행동 등에 대한 인지적·정의적·행동적 태도 구성 요소가 망라되어 있다. 그 가운데 상당 부분은 피교육자들에게 일정 수준 이상의 논리적 추론과 추상적 사고를 요구하는 내용 요소를 많이 포함하고 있다. 단순히 몇 개의 삽화만으로는 이해와 터득이 쉽지 않은 내용들인 것이다. 따라서 앞으로의 교과서 지면 구성에 있어서는 6학년 학생들의 발달 단계와 다루어지는 주제 내용의 특성에 맞는 문장 형식의 본문 게재 비율을 일정 수준 이상 늘리는 것이 바람직하다.

둘째, 내용분석에서는 삽화와 본문 내용과의 관련성, 삽화자료의 중복경향, 삽화자료 제시방법 등에 있어서 많은 문제점이 드러남으로써 삽화의 효용가치가 감소되고 있다는 사실이 확인되었다. 그러므로 교과서의 삽화는 정확성과 창의성 및 명확성을 갖추도록 사전에 철저히 검토되어야 할 것이며, 학생들의 발달 단계에의 적합성, 본문 내용과의 연계성, 학습목적에의 기여도 등을 고려하여 교과 내용의 전개 수준에 맞추어 체계적으로 선정·게재되어야 할 것이다. 또한 삽화를 깔끔하게 잘 정돈하여 제시함으로써 학생들로 하여금 삽화에 대해 호감을 가지며 발전적인 지적 호기심을 충족시킬 수 있는 게시 방법이 절실히 필요하다. 즉 조금 더 정리·정돈된 느낌의 삽화를 게재함으로써 좀더 안정감 있는 지면 구성이 필요하다고 본다.

셋째, 분량분석·유형분석·내용분석 등 크게 세 부분으로 나누어 설문지를 작성, 현직 초등학교 6학년 담임교사를 대상으로 조사·분석한 결과, 본 연구자의 분석결과와 같거나 비슷한 반응을 얻음으로써 현장에서도 같은 문제점을 느끼고 있음을 확인할 수 있었다.

삽화는 정치학습에 있어 교사, 어린이 모두가 가장 가까이 두고 이용할 수 있는 자료이며 탐구학습의 도구로서 교육적 효과를 높이는 데 활용 가능성이 크다. 그러므로 삽화자료는 최대한의 학습효과를 가능케 하는 방법으로 신중하게 선정·게재되어야 할 것이다. 아무리 훌륭한 삽화자료라 해도 그것이 교과 내용에 맞지 않고 학습자의 능력 수준에 맞지 않으면 학습효과를 기대하기가 어렵기 때문이다. 양적인 측면에서도 삽화와 본문 사이의 균형을 고려, 현 교과서의 삽화게재 비율을 적당 수준까지 하향 조정해야 할 필요가 있다고 판단된다.

3. 제 언

우리나라처럼 중앙정부에서 만든 단일 교육과정에 의한 단일교과서인 초등학교 교과서가 국정교과서 한가지라는 점을 생각할 때 교과서 내의 삽화자료들이 가지고 있는 문제점들이 주는 영향력도 그만큼 크다고 보겠다. 이러한 문제점들을 해결하기 위해서는 삽화자료의 개발에 정치학자, 정치교육학자, 현장교사 모두의 관심과 연구가 있어야겠으며 교과서 편찬 시 많은 투자를 하여 교과서의 질을 향상시킴으로써 게재되는 삽화들의 본래 의미를 유지할 수 있도록 해야겠다.

또한 아무리 잘 만들어진 교육과정이나 교과서 자료라 할지라도 단점이나 문제점을 지니게 된다. 문제는 새로운 사회교과서 자료가 이전의 사회교과서 자료에 비해 얼마나 개선되었으며 얼마나 효율적으로 활용되고 있는가 그리고 다음에 개정될 사회교과서 자료에 어떻게 효과적으로 발전시킬 수 있을 것인가에 달려 있다.

    따라서 현장의 교사들은 교과서에 실린 내용과 삽화에 대한 폭넓은 연구를 통해 삽화를 효율적으로 사용하여 학습에 삽화의 교육적 기능이 제대로 발휘될 수 있도록 지도 방법에 대한 개발과 연구를 계속해 나가야 한다. 또한 교육인적자원부 당국, 집필진과 연구진들도 교과서에 대한 꾸준한 노력과 연구가 필요하다고 하겠다.

    그리고 본 연구는 교과서에 나타나 있는 삽화의 현상적인 면에서만 고찰한 데 그친 아쉬움이 있으며, 향후 삽화자료의 활용상태 등에 관한 현장조사 연구와 삽화자료가 실제 수업에서 적용될 때 학습자의 사고에 미치는 영향 등에 관한 연구를 과제로 남기고 있다.

    끝으로 본 연구가 사회과 교과서 자료의 개선과 활용에 도움이 되며, 초등학교 교사들의 사회학습지도에 도움이 있기를 바란다.

■ 논 문

가복현, "초등학교 사회과 지역교과서에 게재된 삽화에 대한 학생들의 인식조사연구", 석사학위논문, 공주교육대학교 교육대학원, 1981.

가용현, "초등학교 교과서 삽화분석(국어·사회과를 중심으로)", 석사학위논문, 공주사범대학교육대학원, 1989.

강태구, "국사 교과서 삽화자료의 분석 연구", 현장 연구 논문집, 대한교육 연합회, 1981.

김영희, "초등사회과 교과서 삽화자료에 대한 분석", 석사학위논문, 성균관대학교 교육대학원, 1996

김용행, "고등학교 국사 교과서에 나타난 삽화자료의 분석", 석사학위논문, 단국대 교육대학원, 1988.

김정식, "현행 고등학교 국사 교과서 삽화자료의 분석", 석사학위논문, 경희대 교육대학원, 1993.

김중상, "삽화자료의 활용을 통한 역사의식의 신장", 현장연구논문집, 대한교육 연합회, 1991.

박종하, "고등학교 국사 교육에 있어서 사료 이용에 관한 일 연구", 역사교육 논문집 10월호, 1987.

서혜원, "고등학교 국사 교과서 삽화자료 분석과 그 개선 방안 모색", 석사학위논문, 이화여대 교육대학원, 1996.

신세호, "교과서 구조개선에 관한 연구", 한국교육개발원, 1979.

신진식, "중학교 국사 교과서의 학습 보조 자료 연구", 석사학위논문, 단국대 교육대학원, 1989.

오영오, "초등학교 교과서 일러스트레이션의 교육적 효과에 관한 연구", 석사학위논문 영남대 교육대학원, 1985.

정도월, "현행 중학교 국사 교과서의 분석적 고찰―교과서 학습 보조 자료를 중심으로", 석사 학위논문, 동국대 교육대학원, 1985.

최병철, "중학교 국사 교과서 삽화분석 연구", 현장 연구 논문집, 대한 교육 연합회, 1984.

최성희, "초등학교 교과서 삽화 기능에 관한 조사 연구", 석사학위논문 이화여대 대학원, 1987.

최연현, "교육매체로서 삽화의 기능과 가치에 관한 연구", 석사학위논문, 계명대학교 교육대학원, 1981.

하형진, "삽화자료를 활용한 국사 지도 방법 개선", 대한 교육 연합회, 1984.

■ 단행본

교육부, "초등학교 교육과정 해설(Ⅳ)", 국정교과서 주식회사, 1997.

교육인적자원부, "초등학교 6학년 2학기 과학교과서", 대한교과서 주식회사, 2002.

교육인적자원부, "초등학교 6학년 2학기 말하기·듣기·쓰기 교과서", 대한교과서 주식회사, 2002.

교육인적자원부, "초등학교 6학년 2학기 사회교과서", 대한교과서 주식회사, 2002.

교육인적자원부, "초등학교 6학년 2학기 사회과 교과서", 대한교과서 주식회사, 2002.

교육인적자원부, "초등학교 6학년 2학기 수학교과서", 대한교과서 주식회사, 2002.

교육인적자원부, "초등학교 6학년 2학기 읽기 교과서", 대한교과서 주식회사, 2002.

교육인적자원부, "초등학교 교사용 지도서 사회 6학년 2학기", 대한교과서 주식회사, 2002.

오영태, 사회교육론, 형설출판사, 1994.

이원순 외, 역사교육론, 삼영사, 1991.

한국교육개발원, 교육개발, 제9권 제4호, 한국교육개발원, 1987.

부 록

설 문 지

안녕하십니까?

귀중한 시간을 허락해 주셔서 감사합니다.

선생님께서도 아시다시피, 학습현장에서 교과서는 중요한 교수매체이며, 학습자가 교과서로 학습한다는 것을 감안할 때 적합한 교과서의 개발은 학습의 효과를 가져올 수 있을 것입니다. 그중 글의 내용에 삽화의 사용은 그 이용이 광범위하며 교과 내용의 전달뿐만 아니라 학습의 흥미를 유발시킬 수 있는 것입니다.

따라서 본 설문지는 현재 정치 영역 중 6학년 2학기 교과서 1단원 '우리나라 민주정치'에 나타나 있는 삽화에 관해 선생님의 의견을 조사하는 것입니다.

이 설문지는 석사학위논문의 목적으로만 사용될 것이며 이 연구를 통해 유용한 삽화의 개발에 도움이 되고자 하오니, 바쁘신 중에도 솔직하고 성의 있는 답변을 해 주시면 감사하겠습니다.

감사합니다.

인하대학교 교육대학원 일반사회교육과

조 영 복

1. 해당하는 사항(문항번호)에 'V' 표시를 해 주시길 바랍니다.
2. 성별: 남:(   )   여:(   )

■ 삽화의 양적 분석(量的 分析)에 관한 내용입니다.

1. 삽화의 게재 빈도(1단원 내 삽화게재 수)가 적절하다고 생각하십니까?
   ① 매우 그렇다.   ② 그렇다.   ③ 보통이다.
   ④ 그렇지 않다.   ⑤ 전혀 그렇지 않다.

1-1. 위의 1번 문항 설문에 ④, ⑤번의 부정적인 답변에 표시한 이유
는 무엇입니까?
   ① 본문에 비해 삽화가 너무 많다.
   ② 본문에 비해 삽화가 너무 적다.
   ③ 기타(   )

2. 삽화의 유형별(사진, 만화, 도표, 그림, 도해) 게재 빈도가 적절하다
고 생각하십니까?
   ① 매우 그렇다.   ② 그렇다.   ③ 보통이다.
   ④ 그렇지 않다.   ⑤ 전혀 그렇지 않다.

2-1. 위의 2번 문항 설문에 ④, ⑤번의 답변에 표시한 이유는 무엇입니까?
   ① 사진이 많다.   ② 만화가 많다.   ③ 도표가 많다.
   ④ 그림이 많다.   ⑤ 도해가 많다.

■ 삽화의 내용분석(內容分析)에 관한 내용입니다.

3. 삽화와 글의 내용(학습제재 · 본문 내용)이 일치하다고 생각하십니까?
  ① 매우 그렇다.　　　　② 그렇다.　　　　③ 보통이다.
  ④ 그렇지 않다.　　　　⑤ 전혀 그렇지 않다.

4. 삽화의 중복(내용 면, 형태 면) 경향이 높다고 생각하십니까?
  ① 매우 그렇다.　　　　② 그렇다.　　　　③ 보통이다.
  ④ 그렇지 않다.　　　　⑤ 전혀 그렇지 않다.

5. 6학년 2학기 1단원 정치 영역 단원 내 삽화제시에 있어 가장 두드러진 큰 문제점은 무엇이라고 생각하십니까?
  ① 본문 내용과 삽화의 불일치
  ② 삽화의 산만한 배치
  ③ 불필요한 삽화게재
  ④ 삽화의 표제(Caption: 삽화 해설문) 없음
  ⑤ 없다.
  ⑥ 기타

성의껏 답변해 주셔서 감사합니다.

· 저자 ·

조영복   · 약 력 ·
（曺永福）   춘천교육대학 졸업
인하대학교 교육대학원 일반사회교육과 졸업
인하대학교 교육학 석사

現 인천도화초등학교 교사

초등사회과
교과서 삽화
오류의 대안적 고찰

· 초판 인쇄	2007년 12월 20일
· 초판 발행	2007년 12월 20일
· 지 은 이	조영복
· 펴 낸 이	채종준
· 펴 낸 곳	한국학술정보㈜
	경기도 파주시 교하읍 문발리 513-5
	파주출판문화정보산업단지
	전화 031) 908-3181(대표) · 팩스 031) 908-3189
	홈페이지 http://www.kstudy.com
	e-mail(출판사업부) publish@kstudy.com
· 등 록	제일산-115호(2000. 6. 19)
· 가 격	8,000원

ISBN   978-89-534-7791-9 93370 (Paper Book)
        978-89-534-7792-6 98370 (e-Book)